本书惠承

乐俊民严赛虹基金会赞助出版

2025 年 3 月 第 1 期，总第 17 期

纽约一行

First Line New York
Quarterly Literary Magazine

《纽约一行》杂志编辑委员会

纽约一行

文艺季刊

First Line New York
Quarterly Literary Magazine

主编：严力

纽约一行杂志编辑委员会：

王渝　邱辛晔　冰果　张耳　曹莉　程奇逢　严力
于捷（摄影编辑）

翻译部：　梅丹理　张耳　楚鸿　李玉然

项目经理：章清

艺术作品和插图：陈颖（纽约）　郝青松（纽约）　李玉英（纽约）

赵德伟（纽约）　严力（纽约）　梁馨尹（北京）

蓝正辉（纽约）　李云枫（北京）　周莉（北京）

农夫（东莞）　杨键（马鞍山）　高慧君（加州）

责任编辑：　冰　寒
封 底 图：　农　夫（东莞）
美编设计：　王昌华
出　　版：　易文出版社

目　录

诗歌翻译

散文随笔

本期艺术家

陈颖（纽约）　郝青松（纽约）　李玉英（纽约）　赵德伟（纽约）

严力（纽约）　梁馨尹（北京）　蓝正辉（纽约）　李云枫（北京）

周莉（北京）　农夫（东莞）　杨键（马鞍山）　高慧君（加州）

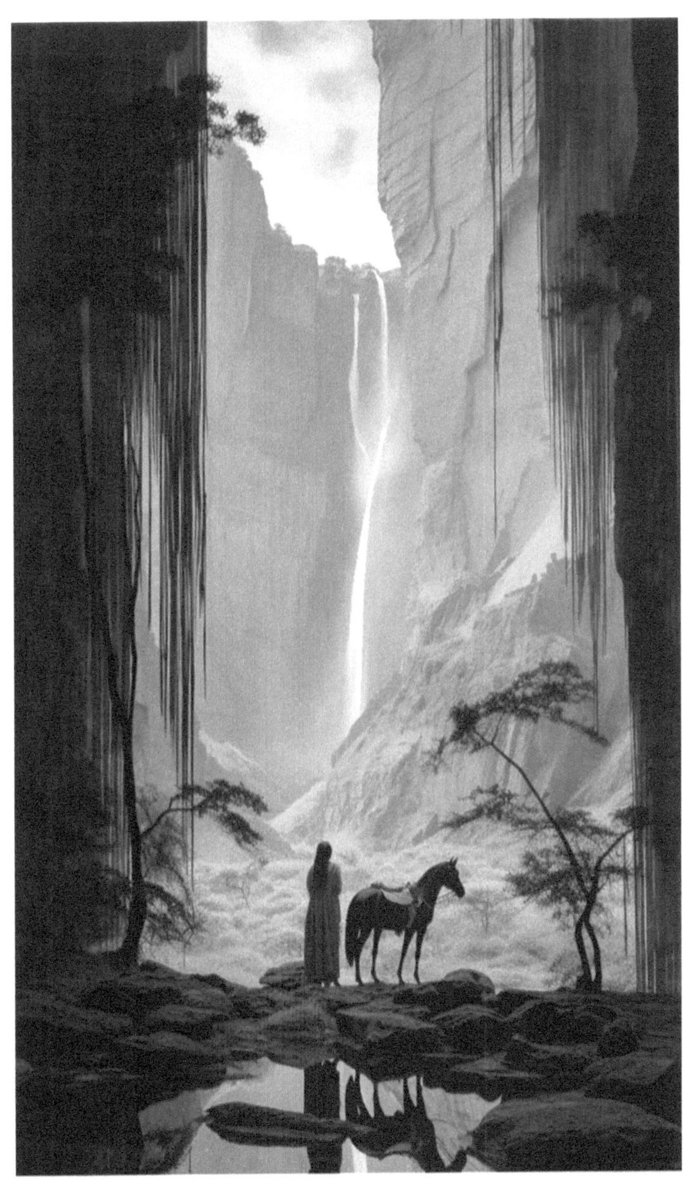

周莉，摄影：高山景行　2023

杨键（马鞍山）

骨头熬的

芦苇在水边翻动，
是骨头熬出来的。
去年前年大前年的芦苇，
都是骨头熬出来的，
只是有点杂乱。
此刻，
清冽渐渐显现出来。

在岸边，
还有一棵柳树，
它不是骨头熬出来的，
它是风吹出来的，
温柔得只有顺从。

对清澈的纪念

六十年前，
奶奶从老家挑来一口缸，
赤着脚，奔波四十里，
挑来这口缸给儿子。
现在爸爸已死，
我在老去，
看着这口缸，
里面没一滴水，
没一滴水的缸，
没有一刻，
不是清澈清凉的，
哪里还有清水呢？
只有这一口缸里的水
是清澈清凉的，
哪怕里面一滴水没有，
那也是对清澈的纪念。

云

一根铁丝晒着一件雨衣，
一条毛巾和一个裤头子，
人很可怜，
就这么几样东西，
挂在铁丝上。

远处的山，
云在山顶汇集，
几欲压进这几件寒酸之物。

墓　碑

一棵老树没有叶子却有许多阴凉，
一棵小树有许多叶子却没有阴凉。

在这两棵树中间，
有一块墓碑。

墓碑没有叶子，
但有比这两棵树更多的阴凉。

在夜里，那墓碑的阴凉更大，
比月亮的阴凉还大。

根子（华盛顿 DC）

记忆仍不忍忘掉我们

雪敢在最窄的石栏上站立
无惧被太阳砍下肩膀
那是远古河流的临终自尊
雨却不能恪守沉默
只喧闹不洁的湿润
原想靠每晚的酣睡隔开各个城市
不料每一个季节都比我年轻
仅用脚趾摸索就可感知
所有还没做过的梦
都完好无损
按酸碱度比例
密封进真空的致幻烧杯
在闹鬼的忘却中依次摆放
体温储存

纯棉的霜掩护古巷的隐喻
记忆仍不忍忘掉我们
须在哼唱还没蒙上水雾的瞬间
把无调性的浴袍裹紧
在禁果落地之前
托孤种子的身孕

曾是少年弹弓就能攻陷的古都
一把自行车钥匙就能打开所有城门
而踏进暮色的无菌室
险境不屑等待晕眩
故事风干成流言的标本
除非刺探不通的死巷
厌倦才把无字的碑石扶正
受懊悔买凶的健忘掮客告诫说
不要偏食
丰收女神用秋天的基座
碾磨出的凡尘

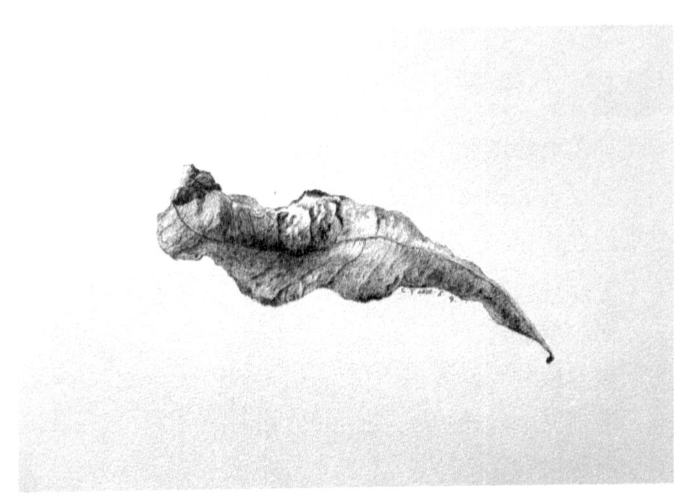

陈颖，生命一隅，纸本铅笔淡彩　2024

这是座十月按捺不住的新冢

再微弱的幻影也值得铸成铜像
毕生迎着时间的胸甲前行
只有一次机会把后背暴露给生命
除了夏天是不能邮递的
任何学说都能在冰下孵化
我要向蜷缩在舞台底下
戴着套袖和老花镜的提词人致敬
他把福音诵读给受难的尘土
把十字架
寄存在复活的衣帽厅

融雪后
只用前额就能嗅出四月的纵深
而渎神的闪电
已埋伏在午后的膝弯
早先林荫大道的狂想
如今要收起雨伞才能通行
重返盛夏是暴食爱之甘醇的并发症
在内城软组织追索不回的惊吓
用霉雨的舌吻
更探测不到早熟的矿坑

没有语义的夜晚
排列不出词句的星象
长着海豚整齐的下齿
脖颈正是猛兽的梦

腰肢灵活能带动旱季风磨
咬住麋鹿的鳄鱼
在无忌的沼泽翻滚
傍晚的脚腕细瘦
如枪托最靠近扳机的部位
任何不认识血的手都能握住
拂晓摆动水坝般宽大的尾鳍
确保捕鲸炮未射出鱼叉之前
在人工采精的鸡尾酒会上
无处逃生

末日洪水里不要再裹带我的刺青
我已预约了严冬的鞭刑
往昔的两厢有多扇侧窗
落叶如此稀疏
这是座十月按捺不住的新冢

老城因失忆惨白
像露营地的早上
被熊尿浇灭的篝火
诗句现身
需要绝对漆黑的背景
此刻时间不再以明暗的多变
押解你非活下去不可
冷轧的凌晨
在午夜的黑色冰面叩响权杖
月神把白玛瑙的双膝
缩回无眠的现世斗篷

方妙红（北京）

中　药

六天的中药
喝完了
我感觉有点
孤独

它走了
我的病还没好

我爸的诗感

大晚上的
我爸说他在
山上的一个鱼塘
看别人钓鱼
他说鱼塘边
坐着十几个男人
他说他们的魂
都到水里去了
他说钓鱼票要 150 块钱
他没买

他说不花钱也能钓鱼
因为他的魂
跟别人的魂在一起

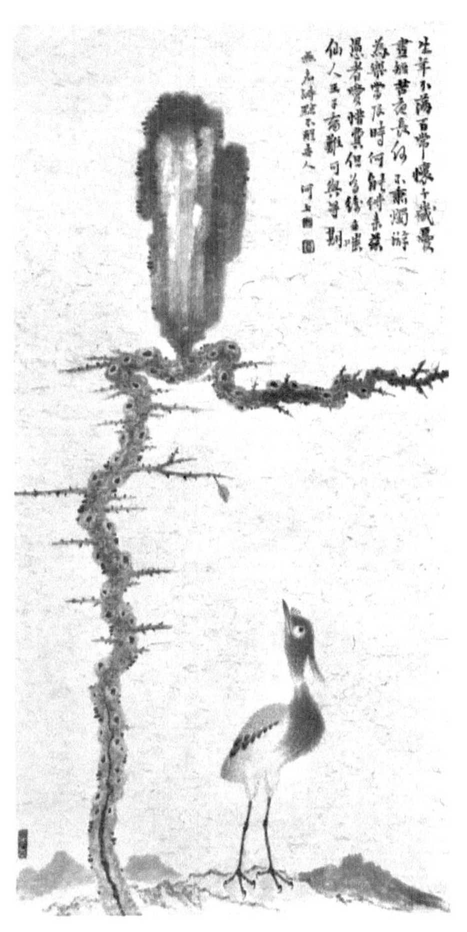

高慧君，无名诗点不醒世人，24X62cm，宣纸水墨淡彩　2021

初冬早晨

太阳很耀眼
毫无疑问
躺在路边水泥地上
的钢铁建材
也很耀眼
如果你忽视它们
它们就会
在一个特定的角度
吸引你的目光
刺你的眼睛

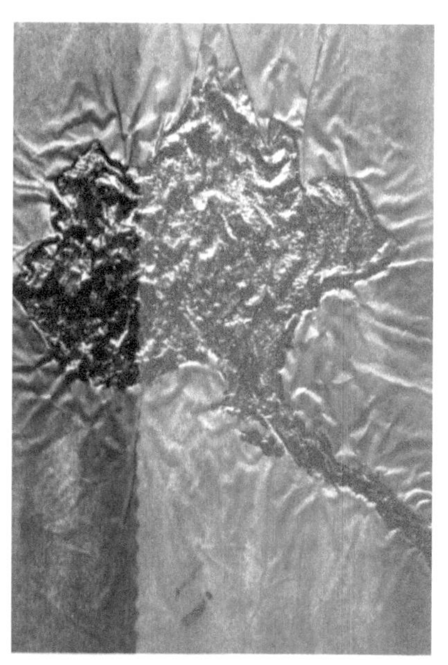

杨键，不谢之花（二），水墨　2024 年

王键（纽约）

我们谈起宁静的绝望

与狄金森相反，我们谈起"宁静的绝望"。
已经立过春了，天空一点点地高了上去，
透过落地大玻璃窗
我看见外面的街道，两个墨西哥男孩在踢球，
孤独而安静的星球，兀自旋转
太阳转动它细密的针脚，用水晶和光编织成道路
在梦里，我穿过你生命的河流
我想用游泳到达你的彼岸

邮递员送来那些被退回的信，信里写着你的
缺席的爱。我背过脸去
迎向落日和树，和那几只尖叫着的加拿大雁
再过些日子它们会等来迟到的同伴

空气中不断飘来大麻的气味
它们来自一个变质了的自由
那些在蓝天深渊里变化的云
好看而又不可测度，它们正用轻盈的笔触
书写人世间的虚幻——
昨晚的黄豆已经泡好
而我们是否还能推动那古老的石磨？
时间是一个猜谜大师
你错过了什么　什么又在前方等着你
谜底就藏在他的手掌心里

冰川纪终会来临
在此之前，荒诞仍会继续，我们则在不断丧失
诗人在问："我有过生活吗？"
我为之奋斗一生的东西是否最终仍会
让我两手空空？
而此刻，你走下楼梯，将一筐脏衣服倒进
洗衣机里，洗衣机孤独旋转的声音
同你的舞姿一样欢快
黑暗中，一双温热的手正从身后将你围住
你对世界的信心也因此得以保持。

2024.2. 纽约长岛

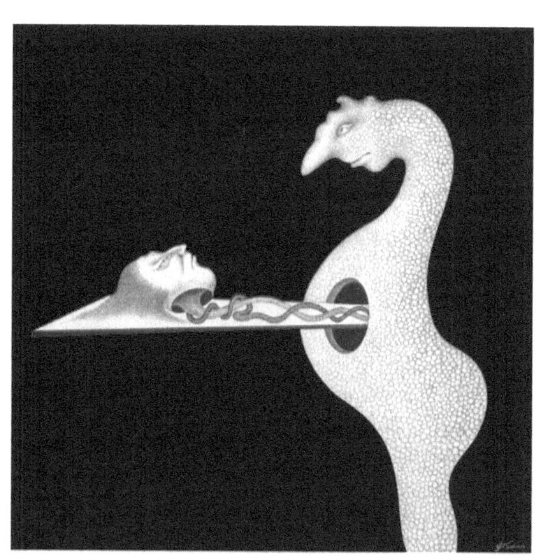

李云枫，凝视 03，50X50cm，水彩纸和墨　2024

觉　醒

睡不着的时候，我将头
钻入被窝里，像在躲避一场瘟疫
但病毒仍会在空气中传播
脑海中不断繁殖着各种念头和想法
意识和观念在争斗，世界
有一个二元结构的残破图景
未来学大师给我们描绘了一个
完美的乌有之乡

（我是因此而失眠的吗?)
上帝在一个多维空间的星云里
我与他的鸿沟要借助一个人的命去跨越
而我与世界的鸿沟只需一个吻就可填平
我已经戒掉了很多恶习
肤浅的美色、名声和财富
已经无法打动我的内心
但我却惦记着
白天里无情拒绝了一个人的紧急求助
我和他一点都不熟悉
但为什么不安的情绪会在我心底久久盘旋?
我知道，耿耿于怀有违千年智慧
但我宁愿
我的心还有挣扎和不安
我没有错过某些重要的时刻
然而，生活的经验告诉我
有很多事情

也并非我所想象的重要
你大可戒掉它们
你可以列出一个长长的清单
它里面甚至包括删除某个人的名字
当然，也有一些
我永远不想或者无法删除的东西
自由便是其中的一种
勇气是另外一种
虽然它们像你银行里的存款
总是越来越少
而此刻，睡眠像细密的黑色之网
正从四个方向向你逼近
将你越拉越紧……

2024.7.30 纽约长岛

李永才（成都）

黄昏之马

蓝天的草图上，那些纷乱与失序
不是一种思考与言说
能简单修正的
就像一条怀古的河流
单凭三两次季风，几枚闪电
也无法改变其流向
我知道，一匹黄昏的快马
踏进人类的荒原
再好的骑手，也难以驾驭
一种脱缰的激情
——不可一世是危险的
我的兄弟，你走过的地方
所有的经验，技巧和辽阔的流水
都已经改变了套路
牧歌与圣殿，各有各的玩法
你选择任一个路口，任一级台阶
都注定是日暮途穷的结局
——在无数的失败之后
你可以有一次惊厥
来调整荒诞的情绪，折叠自己的伤痕
也可以躲进呼啸的风中

寻找自己的领地，一些象征性的东西
比如废墟与影子，忧郁与夜莺
在一种抽象的栅栏下
做一个自由的梦

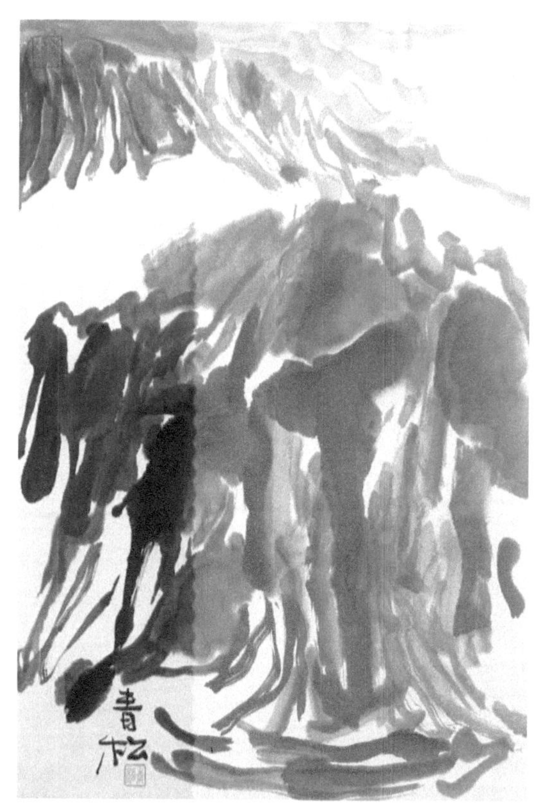

郝青松，大山踊跃如公，纸本水墨，70X47cm 2019

李驰东（上海）

秋天短笺

忧愁准时来访
提着装不满的篮子
我其实已经醒了
清醒，我需要的，只是保持
长出蝎子的尾巴
长出候鸟翅膀
以应付人世无常
应付夜雨，它在轮回
踩踏连绵的大厦
以此消解
比河流更为奋发的
万古的愁绪

桑克（哈尔滨）

纪念曼杰施塔姆诞辰 134 年

论狼，
我们是狠不过你们的。
我们只能忍。
只能等。

曼杰施塔姆没等到，
不等于我们等不到。

昨夜去了江沿儿的斯大林公园。
究竟意味着什么？
我当然知道。但是我
不会说的。

我们沉默并不等于
我们无声。我说了许许多多，
沿着积雪的道路。
沿着你们的肆无忌惮。
我们的骨头如
染霜的铁块。

纪念红口白牙，
纪念黑着脸把你的手
攥在手心。这类政治表述，
我绝对不用。

我们也不用
领你们的白色银子。
领了也不领情。

屁股扎满了
棘草，看起来仿佛
衰老的孔雀伯伯。
天上的云看见了笑话，
把自己笑散架了。

哈哈哈
哈哈
哈

哈

世界黑下来，如这
纪念的冬夜。

2025.01.15.

鲤鱼奇遇记

也算奇了。
裸体鱼亲身撞到了
冬天。由软变硬究竟需要
多少时间？

猜是难猜的。
可以做活体实验……
罪过，罪恶，罪愆……
数字的毛与骨……

红专街从来不
欲言又止。人来人往的
热蒸汽与冷空气交融之时，
您能分清？

炸糕，糖葫芦，
连语文都修改了何况渔业？
鲤鱼变龙也救不了
冻僵的活鱼。

把它带走的人
绝对不是什么拯救者。
他是锅友，是张大嘴巴的
怪兽中的怪。

鲤鱼梦是
粉色的还是青灰色的？

那水，那草，是故乡还是
异乡？

同情心如气球
落不了地。您就认命吧。
从来没有解放这回事。
从没有。

唯一值得回忆的
不过是水中悠悠岁月。
趁您还活着，多打一两针
空气针吧。

2025.01.14

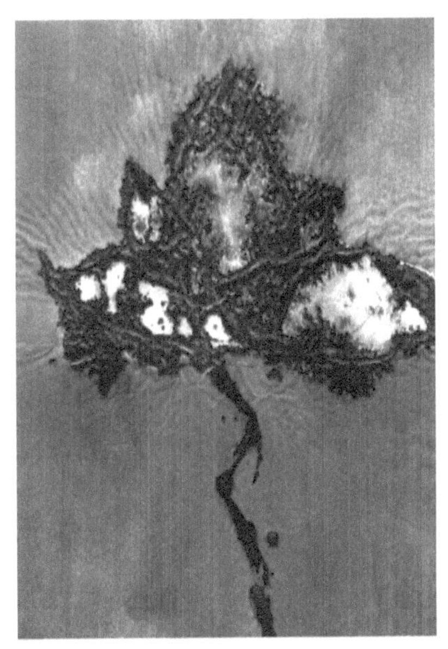

杨键，不谢之花（一），水墨　2024 年

瑞箫（上海）

双河·裂缝

沿着大地裂开的一个伤口
我前去探寻
它为自己保留的最后一个秘密

仿佛回到地母阴暗潮湿的子宫
我走进大地深处
一个缓慢跳动的梦境
我触摸到
远古战栗不已的叹息
战乱频仍
一代又一代
避世的桃花也已化成匍匐的石头
开在历史的册页中
历史　早已被封存在地心深处
如一条涌动的地下暗河
跟在每个人身后
嶙峋的怪石则是它错误百出的多个版本
那些参差的钟乳石
渗出地母滋养万物的乳汁
滴下时间之泪

忽忽如白驹过隙

最后的真相突然跳将出来
瞬间
把大地撕裂成痛苦的两半

我逃出
这内心幽闭的时光隧道
成为一个赢者
站在清溪湖畔的万千神光里

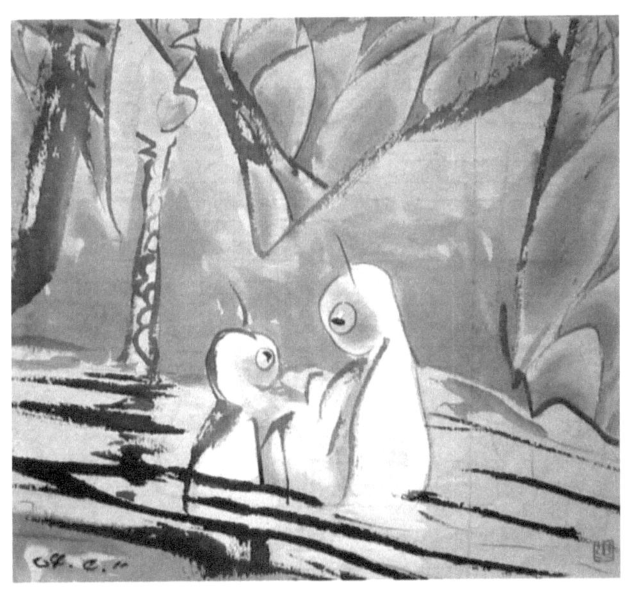

李玉英，花开季节， 40X45cm，纸本水墨 2004

拜访一位古代女人

远古时代女人全身的骨骼
一根根清晰地呈现在
21 世纪清洌的聚光灯下
承担了在世时全部生活重压的
矮小的腿骨
此时正在放松地休息
哺育后代的结实的乳房
早已消失得无影无踪
生殖的通道关闭了
像一颗陨星
只剩余脉还在人间游荡
破碎的头颅内
如今仅剩一个黑洞
即使阳光也不能照亮
她曾有过的诸多梦想
古代女人羽毛般纤细的指骨
此刻正微微指向
无论哪个方向走来的
后世女人

2018.6. 东京

雨人（南阳）

一路向西

我在办公楼后面的花园
散步
透过树林
我看见冬日的太阳接近地平线
如一艘即将沉没的战船
带着精美的瓷器
上面画有美人饮酒吟唱的场面
我知道这画面并非为我而来。
老丁说
如何活着我知道
但如何死去
却不知道。
我希望做一只鸟
不知身为何物。

精　灵

我看了电影〈沉睡魔咒 2〉
森林里有很多精灵。
我母亲说在解放前
乡下也有很多菩萨。
生活中
我们需要想象如语言的魔法。
小时候看粤剧
〈梁山伯与祝英台〉
死后俩人变成了蝴蝶
当时觉得这世间还有这么美好的爱情。
在宋人的山水画中
雪落群山
雪不需要颜料
周围的黑暗就足够。

野梵（湖北）

乌鸦的辩证法……

乌鸦的辩证法，只适合在黄昏的镜中端详。
若把树巢定义为梦，树冠则主持着不可沾惹的黑暗。

咳嗽，即宵禁。

端坐鼠穴之外的猫头鹰仍以黑夜为食，
它把金色的喙探入更深的树洞
——它明显感知到更多蜥蜴脊尾的激荡，
变色然后凯旋。

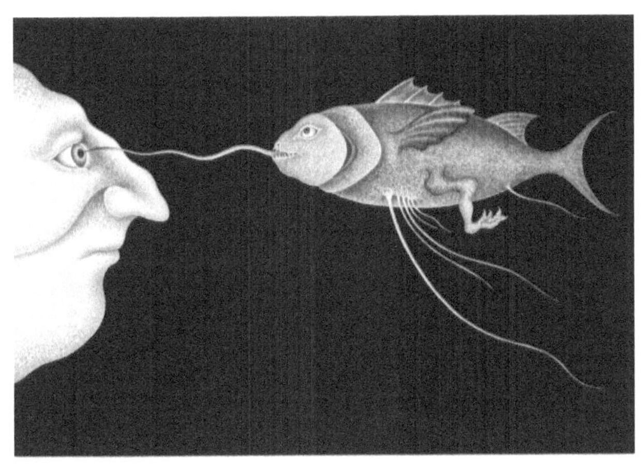

李云枫，凝视 02，38X54cm，水彩纸和墨　2024

南柯梦回，神农问我……

那瘟病，是打入我们灵魂的楔子？
阎王发话了：就让他们死绝！

我跟着他走进山里
——三千年了，那座山还在

他的胡须遮住了藤蔓和草叶
忘记了她们的名字

陶罐内外，草根形状不一
麋鹿在一旁喘着气

芍药问，为什么要让我躲进
土里？连翘说，我要逃离空气

在采药的路上，我被花香
迷醉，不发一言

南柯梦回，神农问我
拿什么来拯救我的先民？

他一直站在溪边，嘴含
断肠草，用左手捂住他干瘦的肚子

蓝冰（湖北）

偶遇梅花

遇见梅花
她在那里哭
哭风哭雨
哭尘世种种不可测度

再遇梅花
她在那里笑
笑嗔笑痴
笑他一文不名风情万种

又遇梅花
她在那里又哭又笑
柔身款摆
舞动婆娑万千姿影

还遇梅花
她在那里不哭不笑
神闲思远
一目之间已逾光年

蔡英明（北京）

反　光

他们给我的寂静
安上红萝卜鼻子
两只扫帚

他们在我窗前欢笑
把我的寂静
撕成小小的雪球

他们打雪仗，我的寂静
抛在半空里
踩在靴子底

他们走了
寂静滚到枯草旁

许多傍晚
唯有我与雪
相互反光

王年军（北京）

鸡 鸣

"每一个人，都是另一个人的地狱。"
这一次，地狱显得更小，更逼仄
还有亚洲蝗灾、来自周南、召南的酸雨
住在《诗经》头两页的关雎，终于
像落汤鸡一样，暴露在两千年后的 DDT 中。
桃花、樱花的花粉，互相吹过对方
和春天里带硫味的空气一起，朝北方乱伦扩散

这些事物如何集聚于一页纸上？雌的和雄的雎
在正面和背面唱和，直到水流涡旋，山体
被揉皱，事物在这一次性的捏搓中，认识到自己的必然
在这一个春天，不适合写诗。陈毅在姑姑家读书
策兰的骨头哽在喉中，像一块误吞的砚
我已经许久不再听到世人更新他的诗歌机器
而酗酒的姑父，在屋中数着他的白茅

外面的椿芽、竹笋、蕨菜，都过了时期
伯夷、叔齐和甘地，在坟墓中等待一声鸡啼。
阿多诺不会同意煮口罩、在电吹风上吹
制造假的响动，标志着，'天可以亮了'

'出城吧！''起床吧！'把病毒吹走，就没有事了
像病毒一样小的村庄，鸡犬互相在边界唱着
桑树上的蚕，独自偷渡着陈蔡之间的消息
夫子也曾被困，在这泥丸和细浪之间的国家。

植物园花盆中的水稻

在这之前，我还没有在植物园中见到过亚洲水稻
不是经由袁氏所培育的新品种
而只是自然籼米和无名稗草
长势旺盛，经过几千年农夫的耕种，也无法驯化
最后在田野里汲取了十几亿年前的光
就像一个娇养的孩子吸着果冻

把根茎扎进尘埃落尽的地球
水稻穗芒朝上，通体金黄，饱含道义
在潮湿的冬季，它不知道一个陶盆的局限
离自己的祖先和光一样遥远
不知所措的水稻，患着营养不良的病

世界对它而言还是太大了
一个花盆也足以用完一生
何况周围还有其他的千万个花盆，
它们的竞争，首先得与自己碰壁
父亲见到这束水稻，会不会产生收割的欲望？
毕竟，农民的知识不同于植物学家
他的一生都在一块田里，
每隔十五年，还要更换一次使用权。

我家窗台上的花盆，总是无法顺利长出玫瑰、月季、豆蔻
它们也无法结出果实
直到有一天
我梦见父亲在水泥瓷砖上种猕猴桃、高粱、大豆……

那时，母亲终于把乳汁供养到一个男孩身上
甜豌豆的藤蔓从微波炉的盒子中爬出来
钻进橱柜上的镜子
父亲舍不得把它拿掉
就像植物园中的培养皿一样，他亦反复试验
让我从花盆中长出去
体质多脂、充满淀粉
用纤细的小脚试探更远的陆地
……直到海止于斯——

但他还是无法探究出适用的规律
犁开像深渊一样的土地
在半坡人所捏制的陶土盆中
让那些开出的花
都变成真实的果粒

杨依菲（北京）

井

很久很久以前
你门外有一口井
外婆讲过好几则它的传说
你知道井里的水永远无穷尽
你扔进去的所有东西
都再也无法捞起

或者说，捞起来的时候
它们已经不再是
同一样东西
总有哪里出现了变化
你说不上这是好是坏

很久很久以后
你离开了这里
去到一个永远赶不上
也来不及的大都市
每天早晨你醒来的第一件事
就是拧毛巾般拧你的
意志力
发誓挤出更多水，更多水
否则你的劳力士手表也快干涸

你开始后悔小时候
没有勇气跳进井里一探究竟
如果你匆忙的生活有一天能
比外婆的传说更漫长
那听起来怎样？
像活水一样，井里的时间很充裕
里边有许许多多的很久很久以前
和很久很久以后

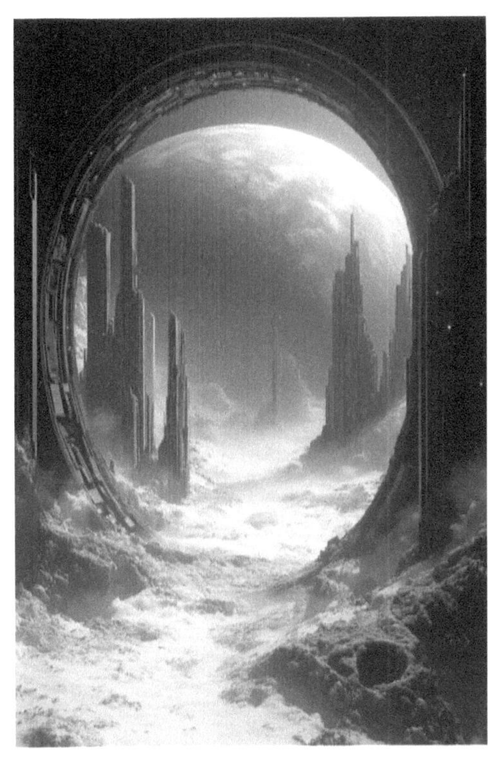

梁馨尹，摄影：景色，媒介：摄影+AI　2024

写 铁

表达比风更锋利，但
风能吹得表达变形
当然可以不写铁，只写花的拒迎与鸟的含羞

一旦干燥者也能生产
我也能生产那些窄和狭长的铁丝
从烧黑的胸膛深处，深深拔丝

不食不饮的黑蜘蛛，如果她属于铁
她的表达，能划开春风表面的深锈？

罗网网住天地，白茫茫发着酸
她能否一头扎根进专一的疼与唯一的黑？
准确得像那把真正的锄头？

张耳（奥林比亚）

石榴新娘的太阳裙

或者太阳新娘的石榴裙
看你怎么理解文化传统和未来春天
时装潮流，对吧？让风筝
让自由自在还给她
绿玻璃手指尖
够艳丽够权威了？君临

冬日灿烂一口白玉齿
嫩红唇瓣，郁金香以前
有牡丹大朵地焚烧，古典火炬
穿越千年皂袖之制，线条
水平倾斜入怀，依然
并不透亮，所以
你们跪拜时最好
自带钩刺，唐皇家园里
太多生猛食肉的花花柔肠

满天呼啸海藻，有风也有
在靠近陆地柔软部分折断了
桅杆。龙飞凤舞，烟潮云波呈现
蓝或者水红的丝纹细节，太平洋
金枪鱼的肉色，抑或美洲三文鱼的
杏娇。天龙裹挟——
碎麟是液体

气势是光，千里度量着
内海深处丰盛
甜酸苦辣暗示了
什么口感什么消耗，而
水泡的信息
我已经电邮给你了
有没有收好？

逝者存入另类云端，预报未来
雨雪消息，虽然这些都不代表什么
现在看来也还不是你的
理论积囤。因为真丝裙裾下
大宇宙狂欢肯定少不了你一份。

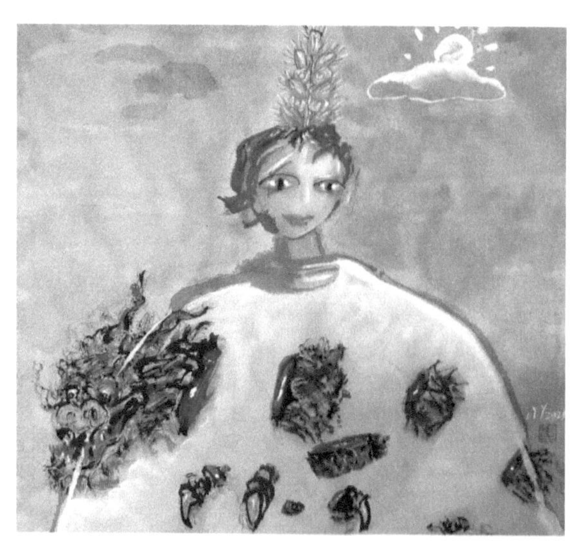

李玉英，喜乐，40x45cm，纸本水墨　2024

灼华（纽约）

雪

将丰收
赠送给内敛

用纯洁
征服勃勃的野心
用回归
启蒙了新生

将神秘赋予了萧瑟
正如母亲的阵痛
将深意赋予
婴儿降临的啼哭

2025.1.

北野（承德）

因为天空，我反对阴影

大海是一片无望的天空
它阴云密布，既接受坠毁的流星
也接受新生的宫廷
落云够到了它的脸颊，也升高了
它的漩涡。渔夫醉心于
在狂风中活下去
而我醉心于海货交易
并把他当成亲切的敌人
无辜的雪花在围观一场雪崩
一个悲伤的人因哭泣
而退出欢乐的人群。而我嘻笑着
始终无法融入一场葬礼
在最底层的生活中，我像
星空一样，不能找准自己的位置
因为反对，我变成阴影

因为赞美，我变成玫瑰
那言不由衷的诗句是因为恐惧
那装模作样的掌声是因为驯顺
话说到一半，算了
咽下去吧，让它烂在肚子里

于腾飞（加拿大）

中　毒

父亲在我出国多年回家后
犹豫了很久才说
我就怕呀
你染上毒品
他不知道
在我们无话可说的从前
在看堂吉诃德的时候
我就染上
一种毒
每次认识不看书的人
我都羡慕他们
如此幸运
可以一直享受
一种书本之外
无毒的幸福

胡珈诚（亚利桑那州）

长　城

每个假期，有不少的人来到这里，
就像兴奋了的孩子们一样，
都摸着陡滑的石砖想要向上爬。
有人刚到了一个坡，
便早早摆出了威严征服的姿态，
也有许多人还在炎热的眩晕中，
顺着影子缓缓向上攀去。
这座墙的影子却有多少次垂倒？
它在一个女人的哭泣中荒诞不经，
它从一个男人的死亡中获得新名。
当这个民族不再张望于它的影子下，
那些不光彩的历史和敌人的尸骨，
早已湮没人间，
每一块青砖在无声的夜里，以泪磨平历史，
用血汗在烽火里铸造的恩怨。
旗帜背后闪烁的面容，埋头向前的步履，
没有人在意，
谁要翻越冰冻的关塞？
谁要戍守繁华的城阙？
当人们最终登上真正的高台，
他们只会从高处看见，
它扭曲的姿态，蜿蜒的全身，
如一条等待愈合的，
连接你我的疤痕。

吴涛（山西）

求职现场

拥挤着，一张张纸高高举着
一张张白纸在头顶高高举着，远远看
就像一片一片白云，汇聚在天空
就像天，压了下来
有无数双手，在举着
……透着眼中升腾的雾气，回头看
就像一只只空空的饭碗
在拥挤着，在高高地举起

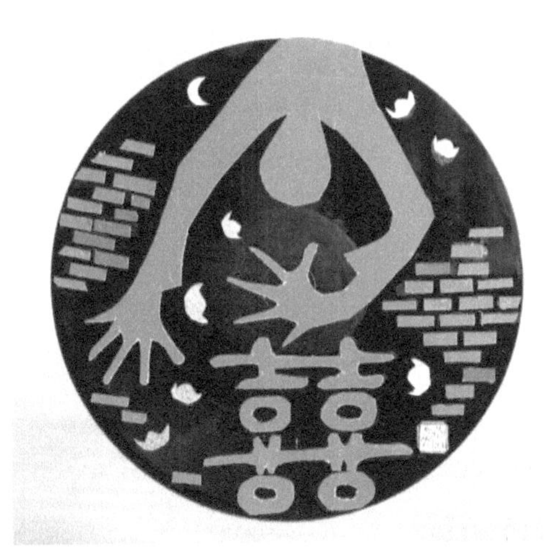

严力，喜到家了，18X18cm，纸板黑胶唱片拼贴　2024

邱辛晔（纽约）

悼伟青

一路了七十年
擎牵大洋两岸灯火
建筑友情的一道道风景线
你是自己的生命导航仪

犹记谈论木心，你曾经的邻居
读他以地名为题的诗
占据主人的气概
坐拥图书馆
你有杰克逊高地独特的底气

第一缕春风前轰然倒下的青山
你的离别也是那样果断有力

刚毅裹挟着你的激情骄傲
一生风景独好有你
风景线记得有你

*戴伟青，皇后图书馆杰克逊高地分馆馆长。二十多年好友。2 月 23 日晚因脑溢血去世。

2025.2.24 午夜

身份的标价

落地纽约
我立马在曼哈顿的外卖单车上
踩下第一单自由

即使二十年后有了一本
美国牌护照
含金量也只限于投票的观念

即使上百万偷渡客
用脚日夜估价美国的边界
我依然没有出手丈量公民的尺寸
直到标准的某个选项刷新另存

五百万还仅仅是绿卡的标价
如果双方遵守信用
公民身份有了跟进的节奏
豁免英文考试
也许还有额外的价格

用偷渡和遣返费做参数
金卡肯定是合乎经商准则的交易
而我作为一件无人问津的老货
觉得是非的开价太低廉了
自由女神高举的
该是块燃烧的黄金

2025.2.27-3.1

云中雀（加州）

无 题

雾霭徘徊不去
结着湿漉漉的愁絮
冬天是孤独的

旷野中的一棵树更孤独
而比它还要孤独的
是看这棵树的人

没有一只鸟穿过
他布满神经的胸膛

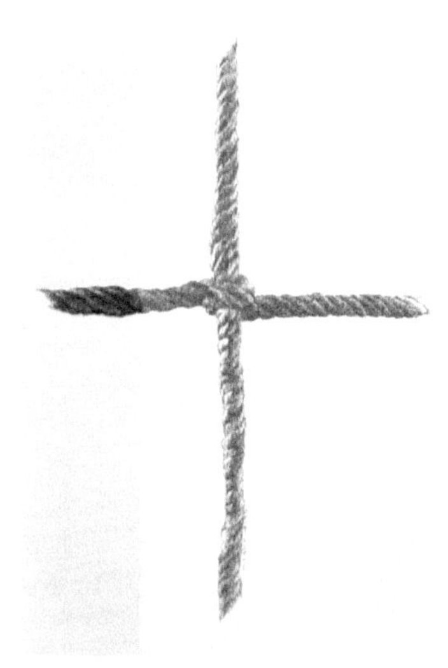

陈颖，天空碎裂如秋，纸本铅笔 2024

张宗子（纽约）

记　梦

走过的路在身后消失
悄无声息，没有一丝震动
就像秋虫的声音因为警觉而突然停止
或是积雪融化
留下的空缺也许是一道沟壑
深不可测
也许什么都没有
被紧随的河流迅速填满
月光下，菰蒲无边，沉睡在近岸之处
无论我走向哪里
河水跟随着，带着它所有的泡沫和大鱼
以及永恒的夜
全部的季节和大地上的风景
一座小的庭院，一棵树，鞭炮的余烬
井里的瓜和被劈开的甘蔗
以及树荫里曾经下过的一盘棋
这些互相交融的记忆
这些很多年后才分享的梦境
我们第一次并肩守候在异国雪后的山脊
看着黑夜隐退
看到光（但从没看见自己的背影）
看到字在我们续完的书上逐渐显现

山篱（成都）

雪　句

他襲一身歲月的千瘡百孔落荒走來

一度的傷害變成熟客便會常來光顧 —人性之惡的反復性

掩藏的惡意總會不經意間顯露出來 除非沒有惡意

他們的關係走入絕境 似乎無解了

人們晃蕩在幸與不幸鋪就的橫木上 稍不留神滑向幸運
偶一大意墜入不幸

田野碧綠草坪上一隻步履蹣跚的鳥 鳥先自然而老了

人們以犧牲他人的生命來與敵手博弈 常有著堂皇的理由

死亡來臨之時 所有個人傾注於事物上的意義也將絕滅

人們並不畏懼災難 在災難波及自身之前

時間也奈何不得秉性之頑劣

歷史的榮辱是多數人要用生命為少數人的意氣來買單

拼湊的關係因利益加持而屹立不倒

人每至絕處死亡便極其迅疾地給出解脫的方法

人生最後的決戰往往轉換至較量壽命的長短上

有人以熟悉某物的方式佔有某物　說到底只是諳熟並不曾
佔有

人類的自以為是似乎天下無敵　動植物也呆立一旁

拙劣自有其令人炫目的驚人之處

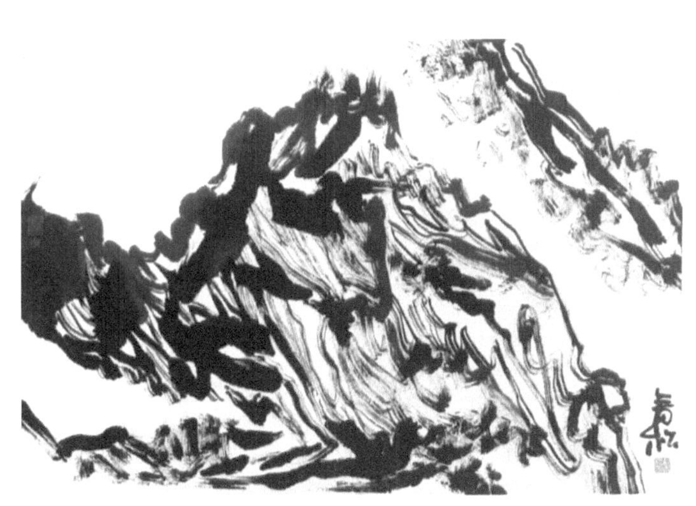

郝青松，洪水泛濫在地，纸本水墨，70X47cm. 2017

笑虹（纽约）

西西海滩日落

是光线独自进入黑暗之前
在湖面留下无数指纹
又将它们一一拭去

古老的水，盛满允诺
从久置的空白里复印出你看见的，和你想看见的
从裂隙中长出完美

日落是一种状态
像年迈的母亲看着你
像你面对此刻，无法挪开的时候
你终于等到了自己

月亮不眨眼睛

蓝色的夜，是我喜欢的果冻
月亮从瞳孔里窃取时间

她有一片阿司匹林的颜值，功效
从指尖, 大腿, 身体的任何一道伤口
抵达疼痛

在一个未拆开的梦里
我撕去声音
把鸟鸣镶进一颗假牙

月亮望着我
也望着我身后的暗
不敢眨一下眼睛

鹤轩（河南）

我看到了我的村庄

今天我没有读书，没有写诗
没有给那匹看不见的有着油亮鬃毛的黑马
喂草
我应该得到了某种秘密而睿智的启示
摆脱了一切无效的社交
并心安理得地放弃了哲学社会学
包括政治学
我把疯狂与暴力以及类似于这样的一些
词语
都从脑海里剔除
我看到了我的村庄
我的村庄有无数的老父亲与老母亲
他们颤颤微微，头发像河边飘飞的芦苇
他们微笑着，我感觉那微笑
像发亮的灯塔映照下的麦穗与秧苗
我与我的老父亲老母亲们心心相印
手里紧紧攥着一颗虚无的种子
掌心都湿漉漉的

我在找一支黑色的笔

我在找一支黑色的笔，
这支笔是我认真收藏起来的，
我没有告诉家里任何人，
现在我翻遍了角角落落一无所获，
我的家人都反对我写，认为我写的
都是偏激的疯子般的言辞，
他们认为冷得发抖时，应该上山
呼哧呼哧砍些柴禾，
或者继续去翻耕贫瘠的土地。

我的家人每天哼着歌走路，
没有任何心事与不安之想，
我只能小声与自己交谈，
怕他们会呵斥我懵懂无知，
拿创造出来的真理和正义，放进现实中，
并生发不兼容的烦恼。

现在我在找那支黑色的
有着鎏金线条的书写笔，
它的笔尖具有黄金的质感与纯粹，
笔杆上精雕细琢的金色的传说中的龙，
时刻准备凌空腾飞。

我在寻找这支神奇的笔
我想给不认识的陌生人写封信，
开头我会在信笺上写"亲爱的"这三个字，

正文就是那些让我烦恼与忧心忡忡的事情，
不认识的陌生人一定不会责问我，
相反会耐心地为我指点迷津。

当我浑然忘我写到最后一页，
我都不想让这封信结束了，
我是如此迷恋这种叙述，
像抛却了牵绊的雀跃与飞翔——
能够自由地活着与表达，太不容易了，
我要赶紧找到这支笔。

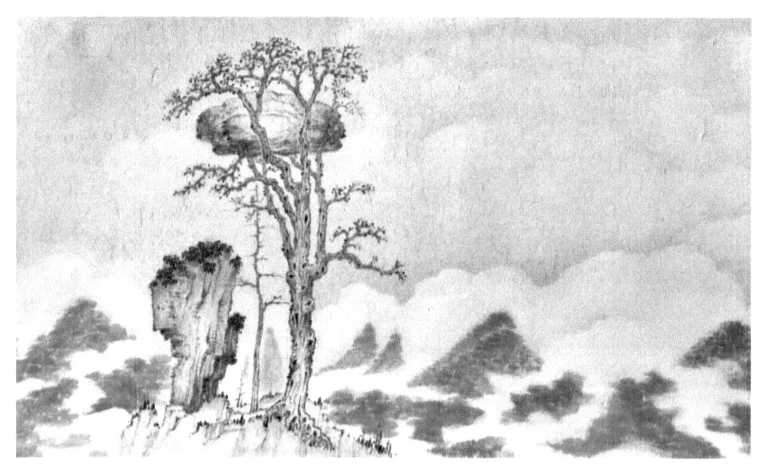

高慧君，我的山水系列，24X67cm，宣纸水墨丙烯色　2021

涤心（西安）

寻找春天

我们来到郊野
没有看到大雪漫道
没有看到大雪压青松
树木枝丫斜插天空
空落落的
春芽儿还没发出来
没有一点春天的影子
在少有人走的路段
我们发现了一点雪的印记
此时的雪还在慢慢融化
等夜晚来时
气温骤降
雪与雪为了抵御寒冷
拥抱的更紧更紧

2025.2.11

文蓉（新泽西）

雨中芍药

静谧是我常披在身的外衣
而雨帘也是可以轻轻揭开

当你翻阅初夏的诗集
没有什么比雨水的注脚更详尽
那几朵雨中的芍药
最能讲述五月的美好

从结出花骨朵儿的时候起
黑蚂蚁就守护身旁，它们
顺着花枝爬上颗粒分明的雨声
将我滑落的外衣
披在庭院的中央

徐庆春（深圳）

题罗丹雕塑《思想者》

只有大师才能发现
一个思想者被囚禁在一块石头里
并最终把他拯救出来

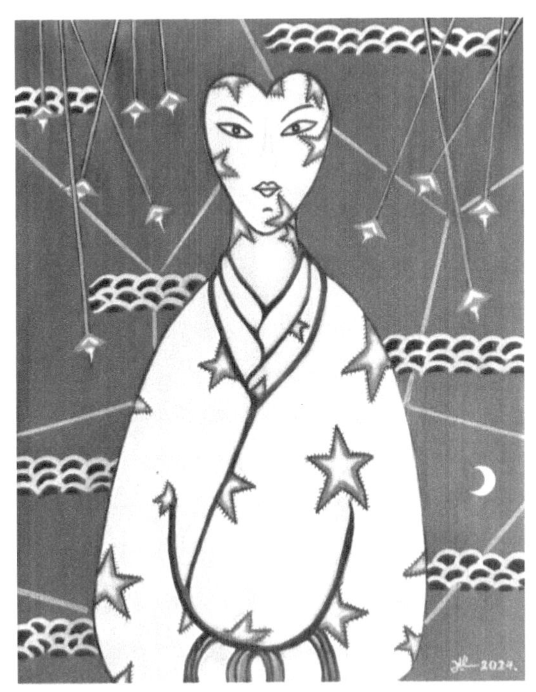

严力，现代汉陶，60X76cm，画布丙烯　2024

洪荒（郑州）

作　文

我写作
不在书桌旁
也不在电脑上
一直在
一张
由国道、省道、县道，乡道
高速公路、一级公路、二级公路、三级公路、四级公路
纵横交错的稿纸上
奔跑
在这条赛道上
空中揽月，水中捉鳖
与路无关
与人们对美好生活的向往赛跑

吃　相

参加过一次分钱大会
庆祝宴上
我围着众神喝醉了
我怎么会醉呢
一开始
怀疑自己的酒量
但我十杯之内不醉
再就怀疑酒
酒是自己带的
我将醉就醉
伏在桌子
迷离着眼
看到周围没几个人类
对面座着的
有黑熊、有蝎子、有狐狸……
它们在分食
我吃剩的一杯美羹
我一身冷汗
断然不让它们发现
我还醒着
更不能让它们发现
我是一个不缺食物的人

李占刚（上海）

平安夜

铃儿响叮当，隐入午夜列车
铁轨的咣当声缝合着大地的伤口
有人匍匐于地上，有人漂浮在天空
有麋鹿狂奔，时区被远远甩在后面
是的，有时欢乐会令人茫然：
在某个时辰，人不必做自己的救世主

当苹果被掷上餐桌，闪着微光
今天被赋予新的故事。切分的
每一瓣，都必将有人娓娓道来
从伊甸园的谎言到街角的祈福
有人咬下第一口，涌出血与蜜
有人捧在掌心，许愿，发出最温馨的谐音

去年是过去最坏的一年
明年是未来最好的一年
而现在的我们，只是每年冬天的镜像
重复，变形，叠加——
一个平安夜在另一重宇宙里
把时间拖成无数折叠的表面
像水滴，像碎片，像不再存在的岁月
我们必须寻找那唯一的出口

平安从未到来过，夜一直在等待
在每一次默默的祷告中
在东方西方从未分开的地平线
苹果，这颗人类剩下的唯一果实
它的种子在泥土下轰然生根
铃声落下，雪落黄河寂静无声

2024.12.24

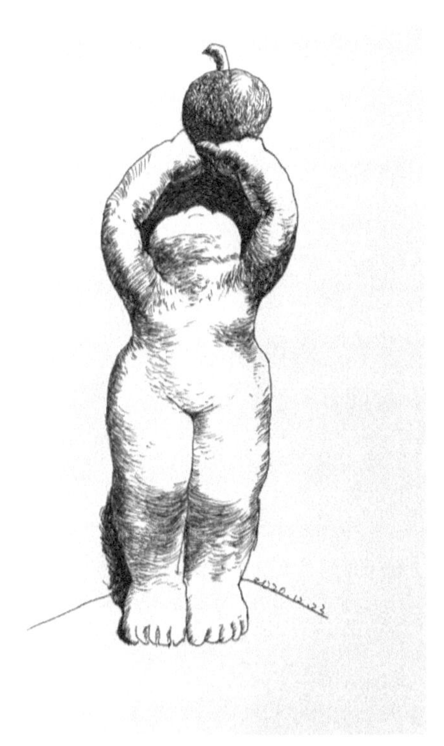

陈颖，人类之母，纸本墨水　2024

小雪与烤全羊

炭火在空气中裂开
奶香沿着圆桌蔓延
那是时光打了一个盹
小雪就落在江南，落在金帐之外
路过草原的马鬃发出呼呼声
落在来自纽约、西藏、斯德哥尔摩的掌心

杯中盛满的酒如绽放的雪花
闪烁着，这些静止的河流
与朋友们的欢笑声一同滚动
有人切开羊肉，切开尘封的故事
刀锋在灯影里来回折叠
肉香化作一阵风，绕过每一张脸

此刻，天涯不过一步之遥
海阔天空只是酒杯的倒影
小雪正被烤全羊悄悄吞下

2024.11.22 太仓时思庄园

柳扬（明尼阿波利斯）

墙　角

我曾经被逼到墙角
那里 90 度，但我
丝毫感受不到暖意
冷硬的线条切割空间
将它挤压成不容磋商的边界
光在角落外游走
它无法弯曲，难以进入

如果角落是一个命题
那么它的答案
是时间的固执折叠
是每一次退缩留下的直角折痕
角落的线条是完美的，却无怜悯
它收容一切，但不指示出口
我的身影在两侧墙上延伸
重叠成两片生锈的合页
捆绑了所有向外的念头

我知道，墙位于光的背面
逼迫我的，不是墙
而是我自身的形状
与逃无可逃的锈蚀
囚禁我的不是角落，而是
不相信墙会倒塌的执念

2025 .1 .19

我记得那场暴雨

我记得那场席卷大地的暴雨，记得它
如记得那一场无力回避的清算
它劈开天空，像手指撕裂旧账
将积年的泥泞与秘密一同摊开

雨线横扫，河流被拖入漩涡
而山谷仿佛在低声祷告
祈求自己能撑过这场洗劫
又情不自禁地甘愿被撕裂
被洪水的手掌卷进，更深的沉默

我记得那些被洪流裹挟的石块
它们撞击河床，碎裂成沙
像一颗心，在反复的溃败中找到归属
而那些无法抵达的雨滴
从树冠滑落，被大地吞噬
尽管它们始终怀着爱，爱消失
甚至爱暴雨失控的终结

2025 . 1 . 25

胡野秋（西雅图）

我来自魏晋

我来自魏晋
宽袍大袖里灌满了风
灌满了不合时宜的醉意
影子斜斜地插进竹林
插进一千七百年的月光里

他们说我醉了
可高举的酒杯里
分明游着清醒的鱼
吐着泡泡，吐出一串串
不合平仄的诗句

我赤足走过青石板
走过所有规矩的泥坑
脚印歪斜却开出了花
他们用尺子丈量我的背影
却量不出风的形状

我来自魏晋
怀抱一张断了弦的琴
披一身月光织就的袍子
和清醒的鱼一起游向
深不可测的岁月里

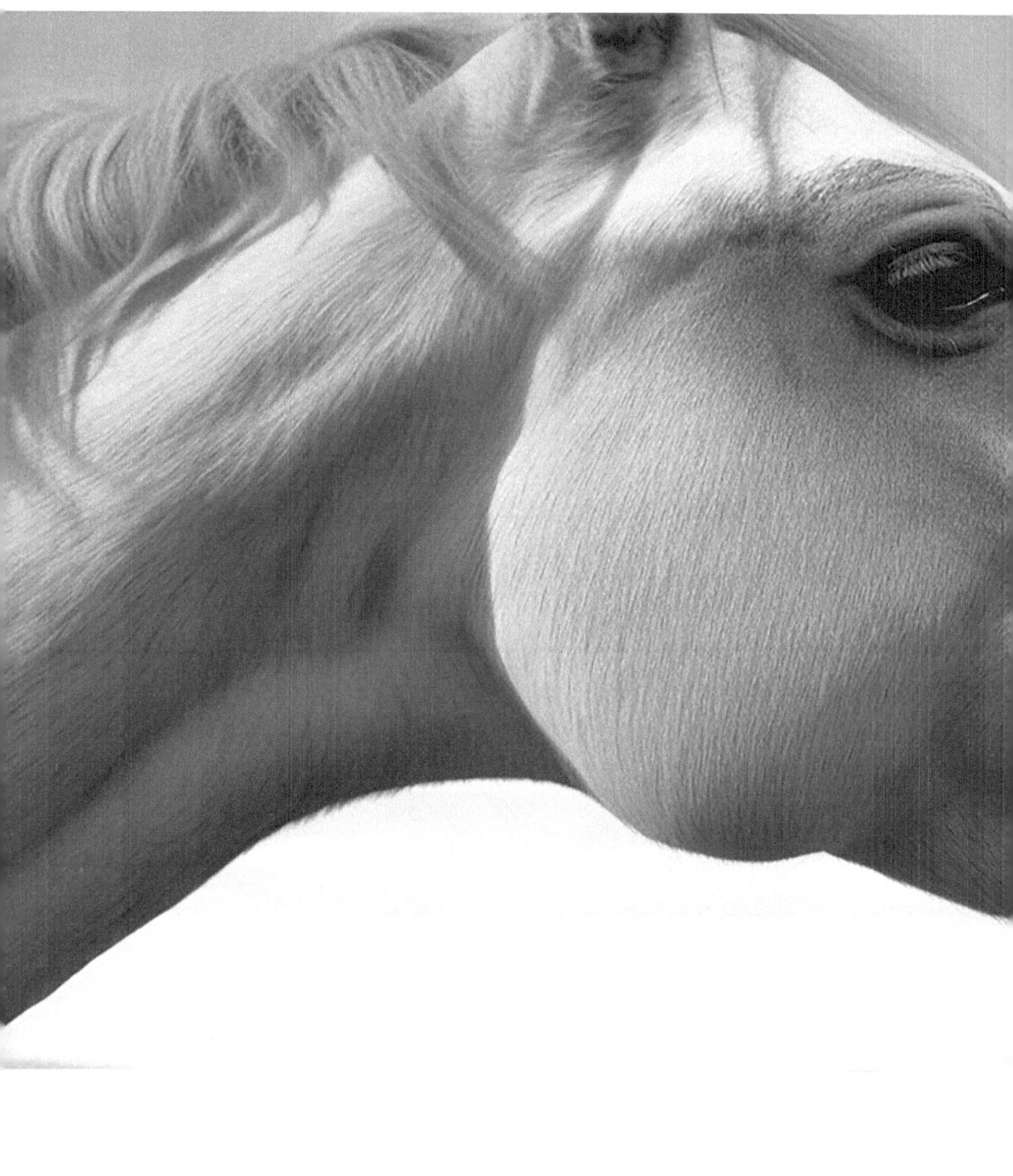

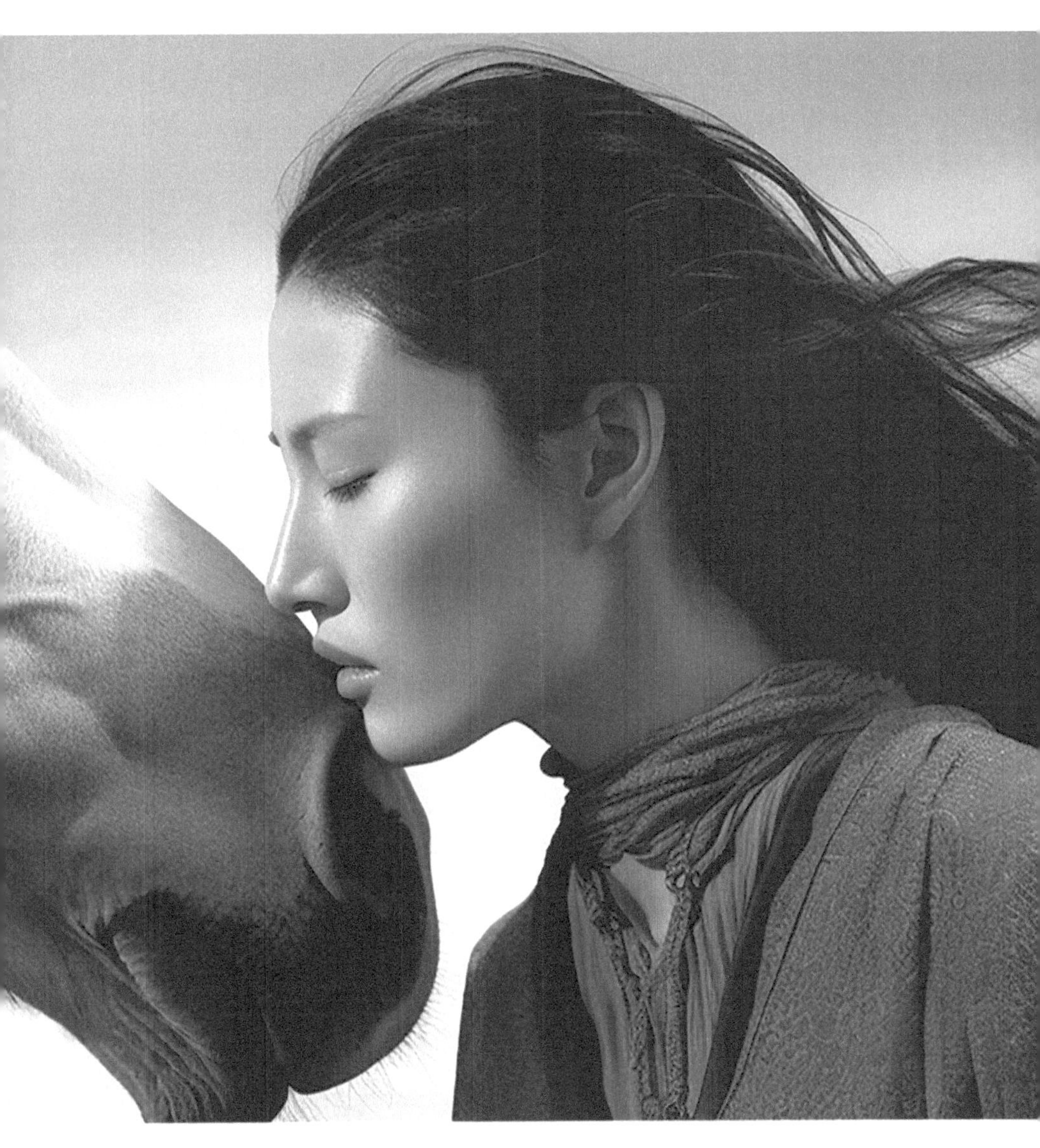

周莉，摄影：行走新疆　2023

遗忘的仪式

钟摆战栗着
切割出记忆的拓片
每一片都折射出
绝望的黄昏

我们围坐在
时间的篝火旁
将往事
一片片投入火焰

灰烬中
升起新的星辰
照亮那些
不再记起的清晨

让我们学会遗忘
就像树木
在秋天放下叶子
如同放下祭祀的符咒

仪式结束时
月光正好
洗净了
所有的碑文

刘虹（深圳）

情人节

这一天，人们都忙着对对子
捉对厮杀，仿佛祸欲单行
都不行

这一天，花儿都喜欢装玫瑰
让爱，死得越来越豪华
让情，滥得越来越专心

这一天，物欲与肉欲齐飞
神情共剧情一色。做爱也急得
像仇人相见，分外眼红

这一天，我藏起纸笔扣放日历
与热烈的诗句绕道而行，只为躲开
潦草的，狭路相逢

这一天，我们终于收到传票：
庭外和解。孤独不再程序正义
幸福，也没了上诉的借口

2023.2.14

读〈往事并不如烟〉

必然更粗。必然更野。必然更阴谋
或　更阳谋……

人心落雪。冷。薄薄的冷
挤过三百多页的往事——更冷
更薄。比刻薄还薄。挤过
三千年的古国文明　一路粗野
精心打磨的权力　已臻化境地
薄。刺入优雅与高贵　游刃有余
如入　无人之境。

无人。眼中无人。刀下无人。薄处
无人。无论跪着　还是站着。

只有冷。冷冰冰的真相被雪盖着
它其实也很薄　一捅就破
哪里需要一个妇人　在笔尖上
放血　用两代人的尸体
来捂化它……是的——

一捅就破。生命。尊严
比爱面子的脸　更薄。
而语词深处的荒凉　还能否扶住
厚厚的往事　百孔千疮的背影

必须更薄。必须更硬。比薄情更薄。
但　无法比真相
和真相后的眼神　更硬。

王小鱼（河南）

城里的泥土

城里的泥土
太可怜
一生都在
被埋没
没有出头之日
假若有来世
还作泥土
我要去乡下
作有翻身机会的
泥土

蛙

在虫鸣四野的夏夜
我听到阵阵蛙声
那是八十年代未出生
婴孩的啼哭
整个时代的冤魂

海岸（上海）

松阳高腔

那一声声高腔，高亢嘹亮
越过松阳空旷的山谷
那一口念白，似曾相识
唤起我内心吴越边际的乡音
西屏镇戏台上的唱念做打传承了千年

台上一人唱，或两人对唱
台后敲锣打鼓，吹吹打打
激越的声腔留存民间的曲风
原汁原味的乡土民俗风情
蕴含当地人淳朴坚毅的力量

出了戏园子，遛达在老街
打铁铺收起了叮叮当当
不见明月与满天星斗
依稀听得词人张玉娘：
一曲高歌一壶酒，一人独钓一江秋

松阳高腔，源于清溪之畔
萦绕在崇山峻岭之中
隐没在山坳深谷涧
看得见山水，守得住美景
高腔活化石更守住一脉乡愁

一切从大海出发

流动又静止，岬角处的湾流
流动一丝异乡的神秘
通畅又不失缠绵
远离大陆，大洋在两侧紧紧相拥

苍穹之下，不见一丝雾霾
三角梅灿烂的一瞥，潮水间红树林的
倔强，虚化我十年来修剪的枝丫

落日与初阳，纯净又明亮
在阳台两侧位移，岁月的拐角处
流水依旧，此刻，晚霞高过现实的喧嚣

寂静，却蕴涵着无限的生机
起伏的内心与行星呼应，一样的脉动
一样的心灵，一切都从大海出发

2018 海南临高

彭一田（北海）

裸　露

一块锈铁，
粗看和石头并无二致，
在废墟上不肯离去。
我用前半生将它磨成了刀，后半生
却弃之不用。
其间，曾用来镂刻石块，
和规划星空，
那块石不是玉，星空也被云朵倏然篡改了。
废铁在海风中生锈、腐化，
一点点退回到矿石内，
那废石块，早已被风雨侵蚀为砂砾了。

2025.1

谎　言

有欢喜，
世界突然安静了下来。
爱你容颜，
秀发，和吃东西的样子，爱你说谎的神情，
傍晚的气息，
以及更年期的暴乱。
我诚心鼓励了自己大半生，
没有理由吝啬华丽的词藻说我爱你。
我把哄自己的诗行都献给你，
让世界又变纯白，
漫天雪花里的一抹红围脖、两顶护耳帽，
北风串起的重叠脚印，
埋头吃掉整根从南方运来的甘蔗。

2025.1.7

李松璋（深圳）

风

风把那些声音
那些
发生过的
光荣与耻辱
带到哪里去了

那些梦
清晨醒来的一刻
带到哪里去了

风
有时也会
空手而去吗
它呜咽的时候
咆哮的时候

日子照常

一觉醒来
窗外
已是 AI 的世界

我还是得起床
刷牙，下楼
穿过街道，红绿灯
去烟火漫卷的早市
买一杯豆浆
两根油条

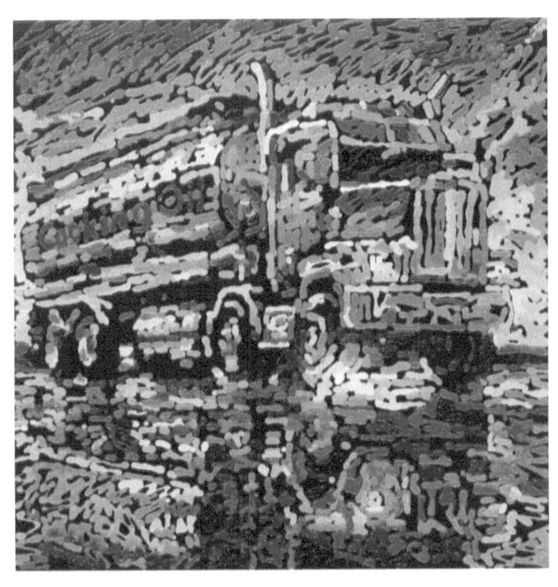

赵德伟，食用油专运车，99x99cm，亚麻布丙烯　2024

贾薇（昆明）

赵先生的领带

赵先生的领带背后没有衬衣
空荡荡的领带飞旋
在胸膛飘动
领带背后没有衬衣
但是有
胸膛
和心脏
和火热跳动的
游离不定的心绪
赵先生不管
领带背后
没有衬衣少了很多舒适
他焦躁不安是因为
昨天遇到个哑巴
急切想对他说什么
他想说的事情应该有意思
他比划着
嘴巴和舌头在动
但是赵先生
明白不了
他看出哑巴沮丧
瞪着眼
发出含混低语

赵先生跑了
他的领带没有衬衣约束
胸膛飘起来
像一簇火苗
只不过
是绿的
赵先生跑出几百米
刚才想告诉他事情的人
或许不是哑巴
只是个结巴
如果只是结巴
他会等他呀
等他慢慢张开嘴
放松舌头
由心底升起的几个词语
流出他口腔
哑巴还张着嘴
没有吐出
一个字
赵先生凑过身
领带背后没有衬衣
已经
不那么重要

上海永久

骑着一辆自行车
慢慢吞吞
穿行大街
我开心的不得了
所有电动车快速掠过
我不慌不忙
我的自行车
是最老实的上海永久牌
以为不会有卖
没想到淘宝 430 元
26 钢圈带菜篮
的自行车
闪着八十年代微光
到我手上
我开心的不得了
尤其右手把上
有个声音清脆的铃铛
我骑着它大街上招摇
落在所有
车流后面
我骑着我的自行车
想啊
该让这个阳光灿烂的下午
多点趣味
我每过一个路口
就摁下铃铛

清脆的叮铃铃铃声响
终于让
好些车和行人
瞥来惊诧目光
但我来不及观察他们
我在清脆的铃声中
回到了八十年代
坐在一个男孩的自行车后座上
不好意思搂他的腰
紧紧抓着他衣角
他没带我看夕阳
却带着我
品尝了
别的美味佳肴
我在每一个路口摁下铃铛
回到过九十年代
回到过一些
杂乱悠长的时光
然后再没有回忆
失去了一辆自行车
对时间的联想
骑着一辆自行车
穿行大街小巷
我开心的不得了
他们说姐姐你是情怀
什么情怀
除了偶尔回忆过去
姐姐只为
锻炼膝盖

寒风并没有让石榴树摇动起来

腊月十六
天气寒冷
光秃秃的石榴树上
有十五只麻雀
它们在树上伸头缩脑
从这根枝杈
跳到另一根枝杈
它们让树摇动起来
不是寒风让树摇动的
是十五只麻雀
树上东张西望
天气寒冷
风却不大
天空阴沉沉
像罩住一层灰纱
只有最轻薄的树叶
感觉到寒风
它们微微摇动
树枝上没有麻雀
摇动它们的是轻微的寒风
不过这已经很冷了
麻雀不怕冷
从光秃秃的石榴树上
一窝蜂飞到
附近的红砖屋顶

晃头晃脑
发出短促清脆的叫声
很不安分
天气阴霾
万物显得暗沉
土黄色的墙看上去像深土黄色
深绿色的树看上去像暗绿色了
地板和多肉像蒙了一层灰
所有颜色
都比晴天暗了很多
的确暗了很多
十五只飞来飞去的麻雀
变化不大
还是灰扑扑
天阴这样
天晴这样

和慧平（云南）

荒原，有人用陶罐接住星光的碎片

群峰褪去鳞甲后
骨骼在暮色中浮沉
最后的河流将倒影折叠成皱纹
鹰隼掠过，一粒磷火点燃苔痕

青铜在泥沙里锈成哑语
石壁的甲骨文被风译为蝉蜕
有人用陶罐接住星光的碎片
埋进废墟，长出半截褪色的年轮

荒原举起断裂的掌纹
每一道沟壑都是未完成的史诗
枯藤缠住月晕，将黄昏
织成一张漏网的钟声

老去的时间坐在悬崖上垂钓
钓起半截碑文，半截浮云
剩水残山不过是神遗落的镜面
万物在此碎裂，又在此重生

2025 年 1 月 29 日(蛇年初一)

王克楠（贵州）

嗨，豆荚里的太阳

剥豌豆，剥出新鲜的太阳
额头上挂着晨雾
脸蛋儿亮亮堂堂
光线纷纷射向我
把我包围，犹如
仗剑夜行的侠客
也像音乐里的羽毛
由动能产生势能
朝着地球猛砸
惊起一行鹭鸟
荡起。亲爱的秋千
无忧无虑，有点虚
万物虚虚缈缈
你见到的，不是真实的
你见到的皇帝是个小屁孩
那急匆匆赶路的样子
其实原地踏步
皇帝换位还是皇帝
镰刀改型还是镰刀
绞刑架的绳索有了理论花边
进入索套的永远是穷人
啊，豆荚里的太阳
请你教我大河如何西流

告诉我，羊又如何走马道
告诉我，冬天的后面不是春
告诉我，炼成钢锭还要还原液体
告诉我，眼睛看到的全是假的
文明不只在一个地方
东方，西方，南方，北方
凡是有草的地方就有牧场
凡是有牧场的地方就有牧马人
马匹被鞭笞，呵斥
新的活法永远属于鞭子
不是严寒下豆荚充饥的——
马匹！

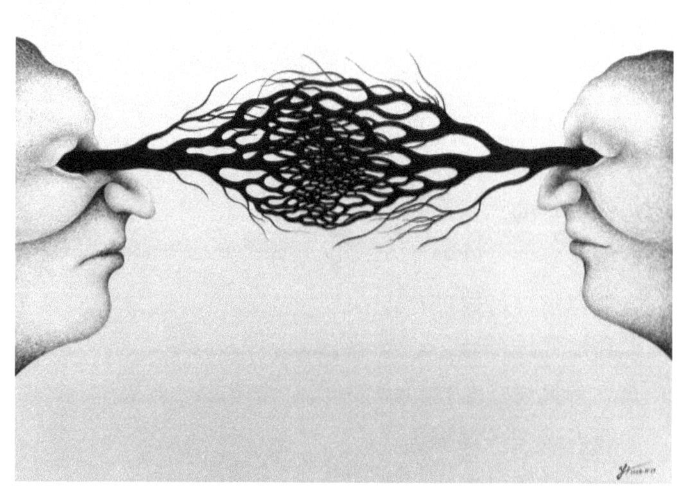

李云枫，凝视 01，38X54cm，水彩纸和墨　2024

周德芳（纽约）

春天来了

马 骑在风上
犁开了冻土
种下前世的故事
雨　踮着脚尖
羞答答地复活
初恋的记忆
淅淅沥沥
花 洋洋得意
宣布芬芳的信息
命令枝头的诗句
开满爱

我 在门前的湖边
与水中的绿柳
互为倒影

正在返青的
还有停战的协定

春天来了

2025.2.14

同频的灵魂

在冰河纪博物馆
伤怀褪色的标本
哲学的扉页
泛起深秋的寒冷

是谁用指节
叩击十二世纪栏杆
在宋词里
烙下十三道伤痕
银河系倾倒了太白的酒樽
悬浮着
捞月的指纹

子规把血啼成朱砂时
敬亭山的年轮开始逆流
蹒跚的西风
窥见自己在江水中
青春的吻痕

我们带着各自的磁场漂泊
在宇宙黑洞里浮沉
直至某个黄昏
光谱在黑暗中突然发现
两颗孤寂的彗星
亮出同频

陆健（北京）

迫近水的地方

绿色的窗帘
挽起，轻轻挽起
发髻，垂挂在这儿
这儿曾经有人跳下去
足迹喂给大海
大海是蓝的
还是蓝的，仍旧在蓝
礁石，完成了佝偻
礁石一回头绿色发髻昏过去

1989 年 4 月 27 日

啊　呀

我也想做一个这样的梦
而梦像睡眠的多边形的大窟窿

奇思妙想，总敌不过胡思乱想

好事发生在 4 月 31 日不可能
好事不可能就像 31 号不可能
2 月竟然 29 天像个大肚子
需要幸运的成份
谢谢你的大拇指

万物回到三，三回到二
二回到一，而"道"没人说的清

唐朝差点把诗写坏了

2023 年 6 月 21 日

陆渔（上海）

留言条之一

父亲对我严厉
还要求母亲不能宠我
从小到大，父亲给的最多一次
是五毛钱人民币

独独对于书橱里的藏书
父亲却非要慷慨，予取予求
高兴时，还给我详细讲解
讲的第一本，记得是《文心雕龙》
书中说：原道第一
父亲却说：诗为先
要我先读诗歌

后来，我每写一首诗
就会想起父亲
他走得干脆，没留下遗言
于是，我成了父亲的留言条之一

新　鞋

我喜欢南京，喜欢金陵饭店
喜欢去饭店门口，苏北老沈的地摊上擦鞋

洗脏，上色，打磨
涂蜡，上光，再打磨

最后，唾上数滴唾沫星子
啪啪啪，鞋布舞动如华尔兹

站起来，是一双崭新的鞋子
吸一口气，鼓起勇气，走回生活

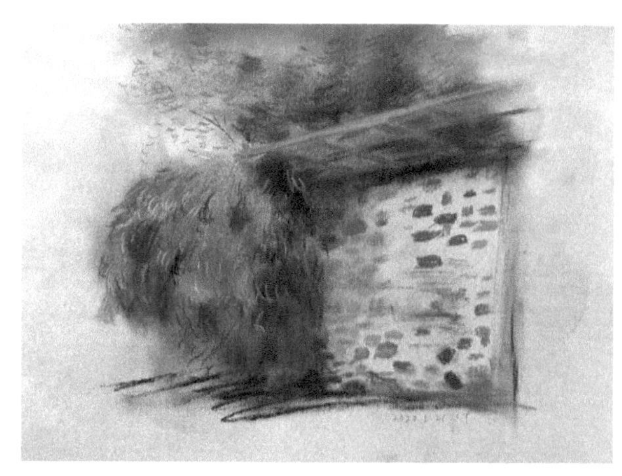

陈颖，春雷滚滚，纸本铅笔　2024

雪茄之六十九

桌上放着一支雪茄
傲慢的颜色
而香气，越过世间的一切平庸
飞向那王者，又似乎
正在做一个决定，于是
咔嚓一声，雪茄在断头台上
恢复了呼吸
重生的荷尔蒙，伺机
侵入人体内最隐秘的暗道
长长吐出一段密语
远远飘向他的，爱人
注视那王，正复辟登基

2025.2.6

邢宝华（北京）

轮　回

有些嗑越唠越透
就像他的老茧越磨越厚

初五的财神爷坐在窗台
他那个烟袋锅在炕沿上磕了几千年
每晚看见的星火
都串着一股旱烟味

他这身板儿是铁锹把子打的
汗珠子腌进皱纹里
就像东方村口那块坚硬的磨盘
年轻时腌酸菜的石头早就沉了缸底
至今仍没熬成铁疙瘩
沉淀的泪太多
一跺脚顺着裤腿
能抖出几代人浇灌
也没发芽的苞米馇子

老寒腿趟过九十九条冰河
骨头缝里仍顽强地开着韭菜花
冻僵的指头掰开春天
总能摸出几粒红彤彤的高粱种子

老骨头扛着数代人赶路
脊梁杆子弯成一座桥
坟头草在补丁上打滚儿
倒春寒里愣是拱出绿芽儿

这辈子没来得及圆的梦
都攒成铜钱儿塞进棺材板
等最后一个日头落山了
他就把自己种进黑土里
整片山梁子当烟抽

他走后第二天早晨
肯定还回来
这片土地需要
就像原野上的草
春风催又生

2025.02.02

董晓禾（上海）

这一页

日暮挽着炊烟，
在老巷肩头打盹。
风偷喝檐角的酒，
撞响铜铃梦呓。

你递来暖茶一杯，
水汽模糊你的眉眼，
月光溜进茶杯，
晃出满杯温柔。

旧藤椅上的吴越曲韵
像猫咪撒娇 在侬耳边
共食一锅鱼羊鲜汤
笑语嫣然 盈满小院
一日神仙境，人间几春秋……

永远有多远？
相伴 已是时光盛宴。
情长有多长？
岁月诗笺，写满儿女琐碎，
暖，晕染这一页……

手抄苏韵

茶香浓郁、袅袅升腾
轻舞在瓷杯上的梦 灵动鲜活
当指尖触碰到泛黄的手抄本
姑苏评弹的雅韵便瞬间启兴

吴侬软语，是花中精灵的语法
平仄错落，宛如仙境的音符
编织出小市井的大万象……

一行诗，读出一幅水墨画卷
那一阵 柔软的温婉
晕染出水乡独有的气韵
轻抿一口茶
舌尖的茶韵与耳根的评弹调韵
这一相拥、擦出一抹灵芒
时间，只一首的时间
苏韵
便在我心底按下了一方印章。

初恋 Whisky

窥探时光里的故事
邂逅这一场法国 Whisky 的意外。
唇齿间轻舞徘徊的精灵
告诉我被拐入他的坏。

初尝时，
似微风轻拂心海，
渗透而来的细腻与柔软
那酒液中迷人的姿态
是谷物与橡木桶的恋爱。
梦幻的芬芳
在鼻息下肆意展开，
独特的、神秘的纽带，
将我的灵魂渐渐系拽。
好奇浅酌
已预设到沉醉的深爱，
月光下
为这金色的诱惑交织，
夜空中最亮的星霭，
在它的怀抱里我不再离开。

见证过酒窖的宁静，
体验过时光的流转，
我与威士忌对话击掌，
等懂我的人，
将我开启、与我相伴……

张溪涧（青岛）

此 夜

脚步被夜色羁绊，踉跄于阴风浊雨
星月隐逝，预言成空，所有发生皆在抑压中

缺乏光照露润，伤口迟迟不瘥，疼痛加剧
梦催化此夜成阴郁之眼，用以延宕阻隔白昼

幻影缭绕，恍惚重叠，封堵眼神，束缚四肢
迫逼晨色在雾霭里淡化至无

此夜会绕过白昼直连下夜吗
被挤压的白昼又如何让遍体鳞伤的自己翻身

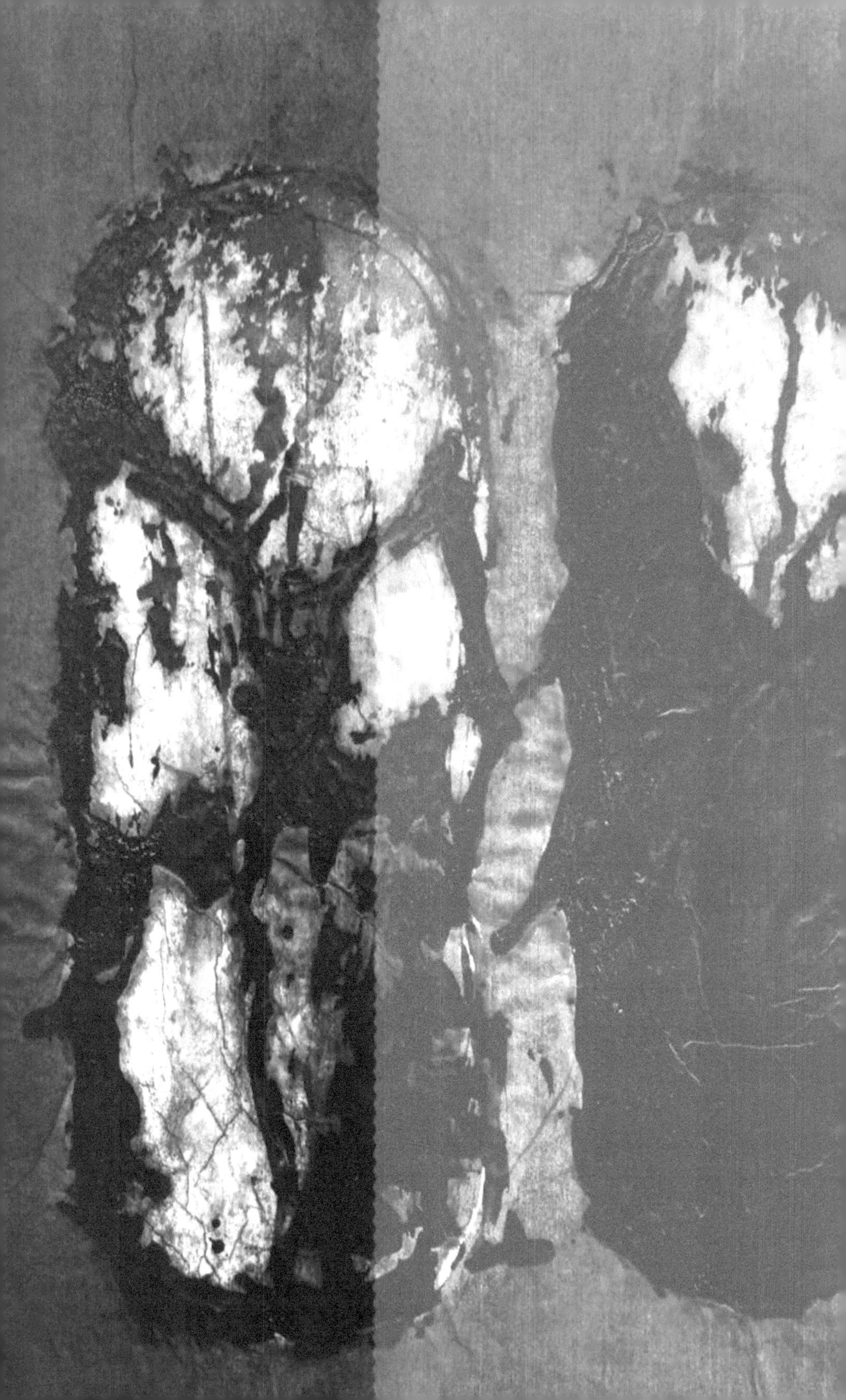

混 沌

看不清此刻天色，说不清
此刻天色为何全方位封堵我睁大的眼
我不过想看清眼前
想知道我无力挣脱此刻会落入怎样的陷阱

阴影密布，无所谓昼夜，无所谓晨昏
所有蠕动都在困缚中蚕食着自己
光源无觅，眼睛已成多余
混沌是天地间唯一参照物，不时闪露幽暗玄机

不断有人问起，为何远处丛林般
生出大片虚浮，黑夜与白昼是否已颠倒
白昼是否早已为黑夜盘踞
混沌才如此疯狂驱赶光亮，予盲者以自由天地

即使如此，仍要在混沌里发现光的萌芽
想象眼睛投出的光如一粒火种
混沌将在千万双眼睛点亮后迅速枯萎
四季和晴空将如期归来，天地重构栩栩如生

〈—— 杨键，芒鞋，水墨　2022 年

伊沙（西安）

鸽　子

在我平视的远景里
一只白色的鸽子
穿过冲天大火
继续在飞
飞成一只黑鸟
也许只是它的影子
它的灵魂
在飞 也许灰烬
也会保持鸽子的形状
依旧高飞

徐江（天津）

镜　像

半个多世纪前
作者侯麦
用摄影机记录下
风和树叶晃动

半个多世纪后
秋天晃动着的树叶
反复模仿着侯麦
当年的
那段影像

这也叫活见鬼了

羊
羊们
把自己想象成了
狼
然后义无反顾地
冲进了
邻村
狼族的内斗

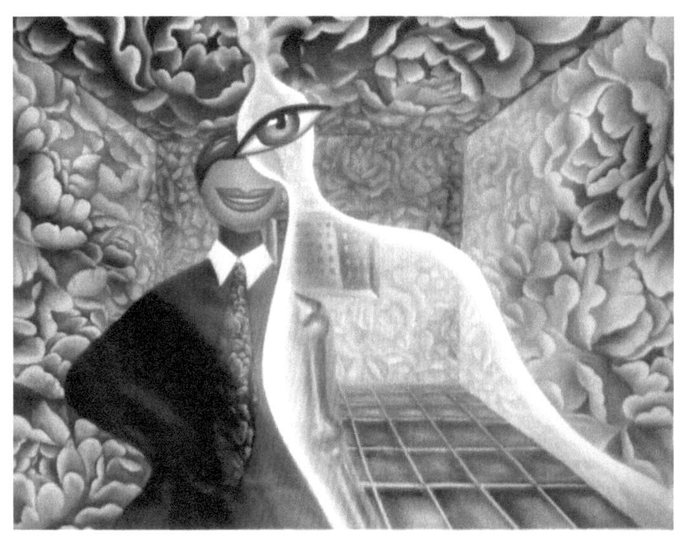

李玉英，牡丹，150x200cm，油画 2005

陶泥（浙江）

像

像最美的五官
像最善的心灵
像忘掉我才能遇见你
像爱是这世上最美一个的比喻

像你嘴里咬下的苹果
就是脚印踩在深雪里的轻轻脆响
像在故乡的池塘遇见更年轻的自己
像你用过的纸巾是落在天上的白云

像午睡醒来
还带着梦的天真
像白天晒过的被子
梦里还能闻见阳光的味道
像傍晚的衣服忘了收
明天穿上还有星星的心跳

李斐（纽约）

漫写洛杉矶《新大陆》诗刊

数十年来大家
文字碰头
纸上相遇
每逢双月初日
站在门外相迎
老友记来自四海八方
共聚各论心事
纯意识与潜意识出尘
词藻和语句飘逸
若见真容
各自一跳

2023.10.18 纽约

迷　途

穿行纽约街道途中的大脑
失去感应于
漂浮浓烈大麻的气味中
随着众人脚步的带动
移向更杂乱的人群
有人在呼喊口号
有人把标语高举
有人对警察辱骂
细看是抗议以色列的行动
对弱势巴勒斯坦声援同情
哈马斯暴戾暴行竟看不见
这就是自由社会行为方式
每人都有不同的表达形式
对错与善恶懒于深层思考
咆哮的声浪中我转身觅道
急忙忙扒开人堆拼命躲逃
如若他们是支那人就知道
政治经历了多少错误弯道

2023.11.6 纽约

马高明（北京）

诗人百相

在四四方方的院子里
角落使我着迷。

在其中一个角落
搭起一间
我可以钻进去的
鸡窝

它将是我读书
和反省的地方
也接待朋友
只要他的身材
没有我这么高大

否则就将是
窝里和户外的关系

迄今为止
没有更好的线索

书房、客厅和主卧

旋转的楼梯
就是旋转的书架

直通向天边

但他读书的地方
却不在任何一层楼里

2022.7.

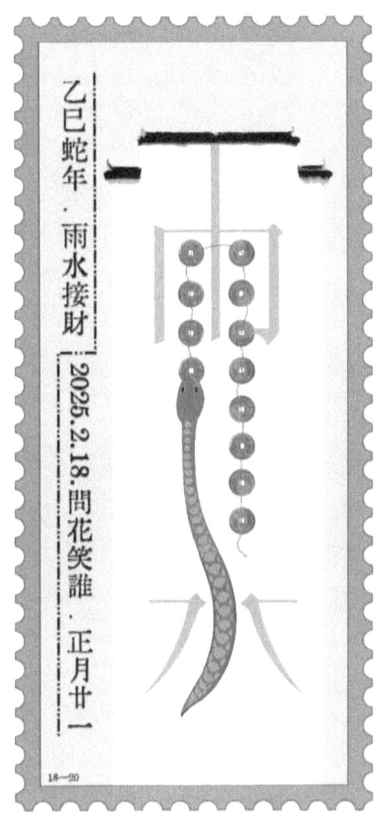

农夫，蛇年雨水，邮票设计　2025

昏迷前最后的随笔

你约好海明威
在同一个国家
同一个庄园
同一个步枪的射距内
相见

举起红酒杯
晃悠着人生残年
方知红酒的
颜色出处

我正在琢磨三部曲中的
最后一部
最后一个字
迟迟落不下笔。

终于想出了
最后一个字
却迟迟找不到了
笔（纸）
上下班滚滚滚的人流
与我何干

我正在一个僻静的角落
书写浪漫

再没有烟圈儿

炫耀你
思想的悠闲
被剧烈的头疼疼出的
都是真理。

2022.10

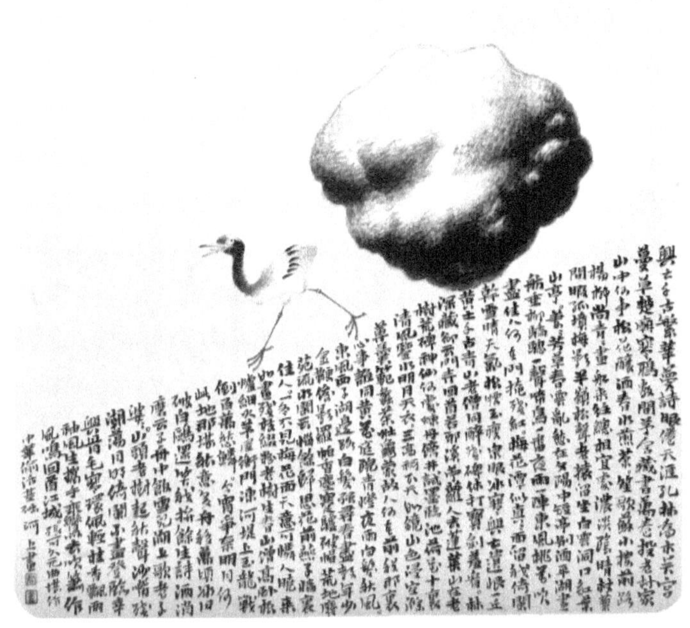

高慧君，山水无题， 60X80cm, 亚麻布丙烯色　2019

上官南华（北京）

纯诗之一百零六语境

海，语境
你不能否认它提供语言
生成语言，是语言的渊薮，语言源

海，固体
越动荡越显示它是固体
在我的家乡，海被称为石臼

海，一个盐罐里的语境
海，实在是一种价值观
这意思是我们以价值观海
这是可逆的句式，海值价
这意思是观海可得值，海值有价
也有价位，价格

这样海，才会从一个句子分解出海的语境

一个句子就可以把海领进超市，领进一条街，领进你的
家，海是温顺的

苍茫也是温顺的，甚至可以装进你的背包

这感觉很真实
海，脱离了民族志，脱离了地址，毫不妥协的被给定

一种语境
语言也就热气腾腾的在海底捞火锅底料中飘出缭绕的烟

我们终于脱离了真理
可以喝一杯了

他妈的，我们为它表演了多少战争片
开了多少会，填了多少空，作了多少选择题
考了多少试，作了多少试验

老郭的儿子还被从楼上摔下来

人海茫茫也是固体啊在一个海的隐喻中
在海的语境中

我们终于教会鱼认识自己
学会唱歌了

海如此久远
鱼的记忆只有七秒钟

所以一个孩子说的话
绝对不是玩笑

吃鱼会聪明，聪明什么，聪明就不会被抓到，被红烧
只有七秒钟的记忆

能记住被红烧吗
海的女儿才会用鱼刺的脚扎着走到岸上

我这是说到哪儿了

海的语境也许就是如此漫漫漶漶

语言一诞生就很苍老
越来越孩子气了

浪花一朵朵
是破碎着回到自身的本质本体

母亲最后一次坐在轮椅里看海
只说了一句话

我不好受
海，好受吗
好接受，好承受吗

只是一个海的隐喻
我们可能要交付一生

我这是在往海里扎根吗
看看这些诗句已经伸出了根须

2025 年元月三日

纯诗之九十二空行母

一口棺一条船
一座坟墓一座岛屿

这不是说
一座坟墓的岛屿埋葬着一条船

而是一条船停泊在一座坟墓的岛屿里

它的绳索从坟墓里沿着一条路抛出来

锚的倒勾爪子
抠进一个人的心脏

拉着
海随时到来

2024 年冬月 30 日

幼黎（北京）

挤

太阳
是挤到人间的

神
造物之初
没说
温暖等同
人间

太阳
也不等同
光

太阳
是挤到人间的
交换情绪

没有太阳，星辰，宇宙，耶和华

人造人
把太阳挤出
人间

2024.12.29

古冈（上海）

刮风了

我瘫倒在地，平躺，一维的
偷笑你们看不到。碾压吧，
你们的私家车有些私有制的傲慢。

万千的眼睛圆睁着从人行道
不均匀地落难街心。我不能刹车，
既然我们首尾相连，推进城市化进程。

雨后的蓝天更虚无，
我们同学一场，倾轧的学业
和社会比比呢，天冷落叶遍地。

2023-11-10

说好我们不走回头的路

说不好，光斑哪里褪去，
蓝黄的轮子让我们共享。
一叶扁舟过后的上班潮，
这是真实的远方，切勿迟到。

不久，矫枉拔出了萝卜，
我们踩踏自己的脸升职。
马路上，骄横的机构
在赶人，华洋仍在分居。

城中的颈椎卡在
人民广场。我们都是
辐射的原住民，往昔
络绎不绝于耳，我们深陷。

2024-04-24

臧棣（北京）

金雕简史——赠姜念光

这是它留下的
一个线索，有待挖掘的
片断里，纯粹的个人情结
纠缠着北方的细节；
山影起伏，未解之谜中
漫溢着无法用口头禅解释的
私人爱欲的升华；
鸡爪槭殷红，柿子树上
残存的金黄果实多少起着点
指示箭头的作用；
视野比十天前更开阔了。
大地的寂静，一点也不业余。
环境这么有利，它被拍到
从凸起的岩石跃起；
优美的滑翔，但盘旋
却很强势，且毫无掩饰地
勾勒出死亡的弧度；
它被拍到将村民散养的山羊
从向阳的坡地上钩起；
半空中，那么重的猎物
竟然没有想象中该有的生死挣扎；
它被拍到从半空中
将那只仿佛被催眠的山羊，
抛物般，准确地扔到了

岩石锋利的睡眠中。

它被拍进了道德的空白；

那里，有一件事情我们似乎

一直在回避它古老的原由。

2024 年 10 月

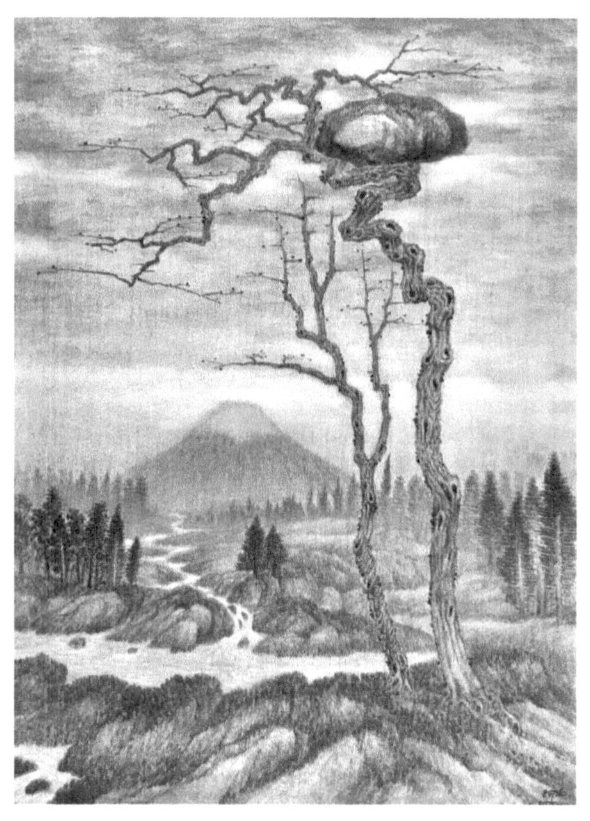

高慧君，滚动的地平线系列，41X41cm，宣纸水墨　2017

苦心简史

崩塌之后，破碎的，
被压扁的，肯定不是它；
虽然玻璃玫瑰也曾被作为
唯一的礼物放在它
醒目的跳板上。那样的跳板
真的准确吗？颤晃之后，
下面真的有一片湖水
被秋天的阳光晒成了金色的绸缎？
一旦缠绵起来，连现实
也不是它的对手。但有可能，
你蒙对过宿命也有破绽。
你不相信从草茎里发出的
微弱的呼唤包含了喜欢卷舌的
火星人对你的辨认。
有一阵子，我好像也
被突然的厌倦深深裹挟了，
默认它比金子的沉默
更有效，更能暗示滑腻的未来。
因为它，世界的另一面，
带着挑选过的大丽花，
已提前向游魂开放。
但请克制好奇，它从未缩小过
饥饿艺术家的比例；
它不解渴，不可食用；
假如涉及更高的道德要求，
它不可计算，不可用于数量的比对，
不可堕落成一片苦心。

它孤立如你既不在宇宙的中央，
也不在世界的边缘；
让魔鬼见鬼去吧。让试图剂量它的
所有野蛮也见鬼去吧。
非常深情，但也界限分明；
人类的情操中，只有它
不以爱为现场。市面上，
常见的直觉，对它不起作用；
或者它就是你最好的直觉。
将它放在小圆桌对面，你会发现：
我们的真相，和他们说的不一样。

2021 年 9 月-2024 年 10 月

孙磊（济南）

狩　猎

在上海，总有麋鹿穿过街道，
紧绷着耳朵，回头
灵巧地从高层一跃而下，
伴随着
楼间晾衣杆上的生活
稀里哗啦地落地。

这是一个猎场，
猎物张着嘴，饥渴地等着
一场大雨
冲破堤坝。

其实，
我们都是乞讨者，
猎人与猎物共同排队，
检查猎枪
和喉咙。

而鹿轻盈地溜进超市
在如雪般
空空的货架反光中
寻找着
果实。

2022 年 4 月 18 日

建筑师

腊月的夜空无边无际。
建筑师竖起大衣领。街道
照例黑漆漆的。图纸在脑海里
像睡衣一样荡漾。
这不是白天，乌鸦
延缓了墓地的静谧；
蜿蜒的流泉，潜入
工人之家。
这不是白天，不用顾及
混凝土的成色，很多
水泥的事实，
越晴朗越罪恶。

而庭院里，总有
美满的失明
将所有醒目的事物
包起来，
一个瓦盆，一件陶罐
甚至一棵镂空的树，
在不安中，突发嫩芽，
像返黑的白发
在阳光下，经不住
几番
谎言的暴晒。

建筑师竖起衣领，穿过
一道闸门，死亡的阀

锈在正中，锈得无羁、坦白、刻骨……
身旁的荒草被命运呵斥
双层结构的叠拼，被
旋转成一个空巢，
里面
白蚁卷起海浪，
沿着钢筋，渗进每一个
阴郁的夜晚。

只有封顶的一天
是热的，
众人簇拥着建筑师
涌入即时的餐桌，啊……
光彩夺目的宴席，在逻辑上
如同麻木的祭坛。暮色
在卧床的一瞬间到来，
大厦的阴影消逝，
它（他）还在美好的向心力中
攒足了劲头，
反向成长。

2024.4.26

宇向（济南）

一小团夜空

黄花鱼摆在碎冰渣上
他挑了条死了好久的
（我后来才知道）
和蔼的中年男人转身
到深处的水池边
用电发卷般的滚子
在鱼身上慢慢地蹭
轻轻甩着
专注又温柔以待
鱼在暗处闪烁
飞起粼粼银光
男人在那里造一小团夜空
后来每想起
这一小团夜空
他为什么
选一条死很久的鱼还冲我笑
已不重要

2023.2.2

独墅湖教堂

设计师给了
暮色中的神明
一只巨鸟形象
在湖边教堂小广场
在永不重复的晚霞
和光环圈住的
黑云里

给了正午
阳光中的神明
要拥抱的原型
自衣袖里探出
五指张开的手
穷困的衣料如多皱的兽皮
搭来搭去许多层次
鼓动这皱褶
这层次的
理应是
一副骨架
且是
一触即散

这样的时刻
泥色野鸽子正撞上这张"石头"脸
野蛮，迅猛
不讲道理

2023.6.2

鲜例（武汉）

往火车站的路上

往火车站的路上
一处护栏被泥沙掩埋
碎石分散在路面
一头频死的驴在血泊里
用喘息代替声音
微闭的眼睛已斜视
擦身而过的汽车，都在加快速度
这是春分的下午
开始温暖的天空
又一次收紧它的腹腔

2024.3.20

樱花树

不能说一个词：甜蜜
它的花残留忧伤与野性告别的气味
宁静，又暗自争吵为赞美
一只狗经过，不看它
还在树下攒尿
这时，我会想起祖国
在油菜花田盛开

不要告诉黎明
我曾经也来过
用它的花瓣搓洗过发黑的手心
有一条恨的河流还在流动
想扑灭烧在心中的战火
可以忘记死亡
却不能把死亡埋葬
樱花树下，不问亡灵

2024.3.22

严力（纽约）

2025 祝词

人的第一故乡是良知
可以随身携带

良知就是善
一旦有了互相比善的环境
真和美得以升华
文明继续壮大
为此我信仰诗神、酒神以及
众人眼中善良的眼神

2024.12.31

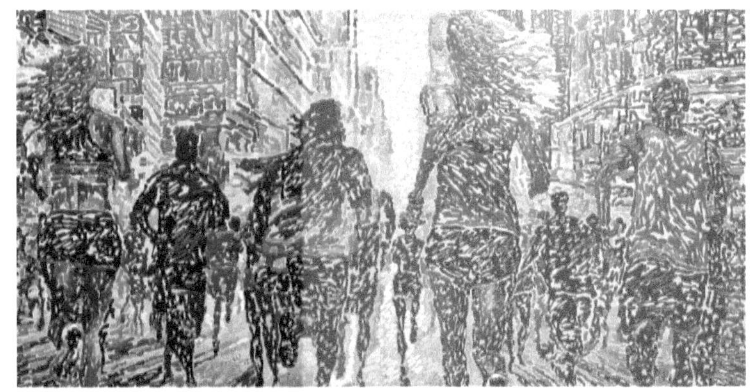

赵德伟，城市马拉松，198x99cm，亚麻布丙烯　2024

论 战

不管你今天到了哪里
手机和无人机
为你指引俯视的姿势

够不着的
属于认知范围之外
那里没有能喂养 AI 基因的
以往数据

所以
不管你明天到了哪里
不会有更多的风和日丽
也转换不了天赋的人文特产

你继续与武器一起攀爬在
枝条的姿势里吧
能如此强行开放的花朵
实属弱者的不易

2024.4.

纽约杯子

最近在朋友的聚会上
遇到了敏感词 A 和 B
尽管出自不同的国家
但相聚恨晚地频频举杯
并把其他杯子
也都吸引了过去
后来所有的杯子们都感叹道
敏感词体内的度数很高
加了许多冰块后
还能品出原始的产地

是啊
纽约的杯子很享受
各种果子在流亡的发酵后
被命名为鸡尾酒的液体

2024.12.

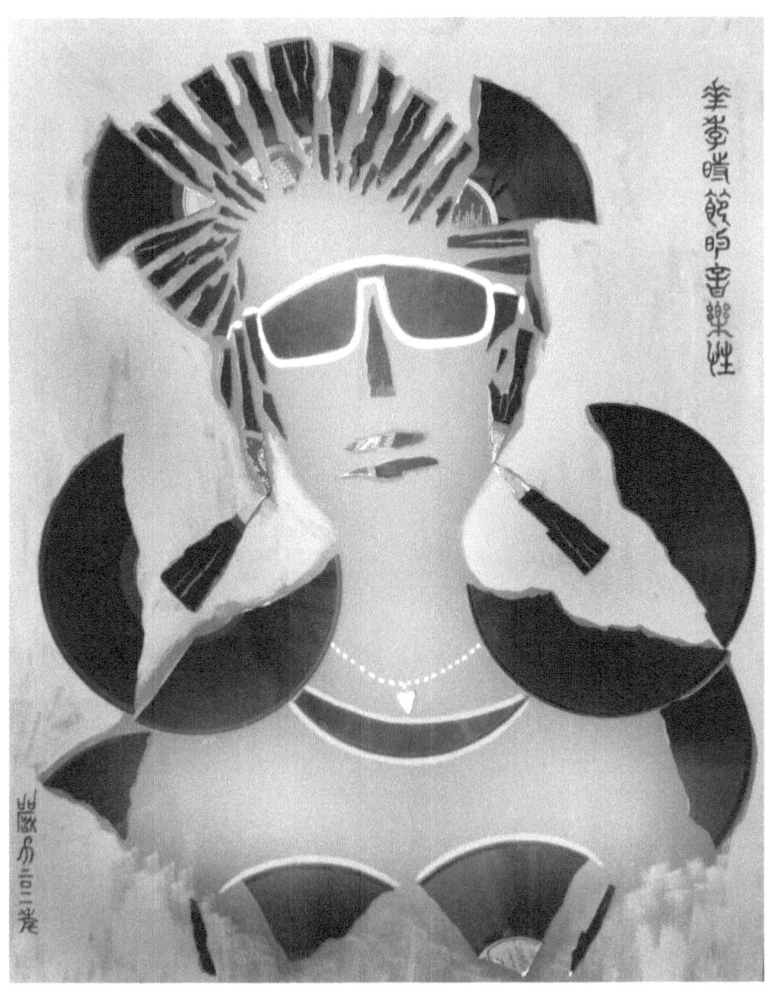

严力，自在的女郎，76X100cm，画布丙烯黑胶唱片　2011

汉诗英译（二首）

作者：徐敬亚（深圳）　翻译：梅丹理（西雅图）

我以为活着

我以为自己活着，不残损地
存在着，那些曾被砍掉的部分
已经偷偷生长出来
耻辱远去，囚禁的老友早已不在
虽然我已多年看不到星空，但天空
还有很多空白没有被遮挡

每天都有不好的事情发生
我并没有被刺中，刀刃只离我半步
在应该站出来的地方，我
耻辱地按下了消失键
我就这样完整地生活于世
心里不快活，但我完整地慢慢活着

不出现就是躲避，我早已
精通自我审查术

那些被禁止的，被暗示的疼点
是我活着的边界
我以为那是我和它的共有部分，但
边界不断向我移动

生活从来没有正确过
而所有的沉默却正在确认
记忆从记忆那天起已被暗中擦去
只留下记忆体完整地苟且
我知道锁住一个人，就
锁住了所有害怕锁链的人

在全部声音中我不存在
在全部语言中我不存在
我以为所有的字还在字典里
微信被封的几天，我以为还活着
其实只有我自己能看见自己，那个我
早已被谋杀

2022.2.18.

I CONSIDER MYSELF ALIVE

Jingya Xu. tr. Denis Mair

I consider myself alive, existing without
major deficiency; the parts that were chopped away
have secretly grown out again, and humiliation
is far away; my old jailed friends are no longer with us
Although I haven't looked at the starry sky for years
The sky has blank places not blocked from view

Bad things are happening every day, I've not
been stabbed, but the blade is a half a step away
Where I should stand forward, I press the "vanish key"
Such is the intactness of my life in this world
Cheerless in heart, but leading a slow, intact life

Not appearing is hiding, and long before now
I have mastered the art of self-questioning
Those painful spots, prohibited and hinted at,
comprise my boundary of living, and I thought
that was the part I had in common with it
but the boundary keeps edging towards me

I have never known life to be correct

yet all silence is being confirmed, and memory

is furtively erased, right from the day of remembering

leaving the intact resignation of a memory bank

I know that locking up one person also locks up

all people who are afraid of locks and chains

Amid all the voices I do not exist

Amidst all language I do not exist

I feel that all words are still in a dictionary

On the days when We-Chat was shut down

I felt that I was alive; in truth only I myself

could see myself, and that self

had been done away with

2022.2.18

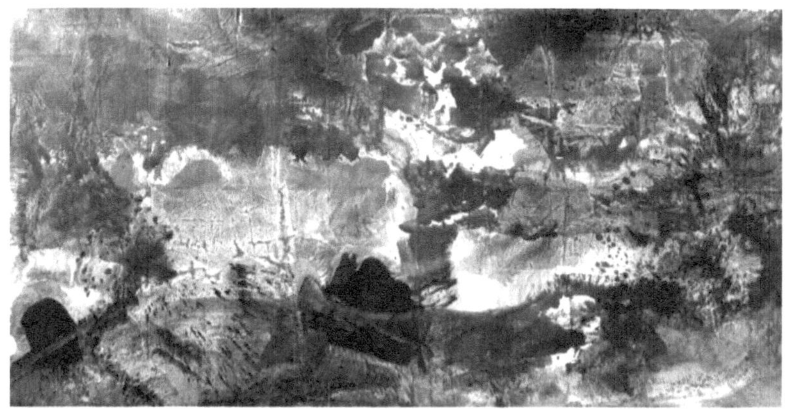

蓝正辉，渊之二，361X710cm，宣纸丙烯　2024

这一年我预先交出失望

我们听够了坏消息
更听够了好消息
每天仍然活着，但不知去哪儿
死亡拒绝透露不想死的终点

一年了，又一年
时间像裹尸布没有尽头
我们只能看清眼前的一尺
而每一尺的后面都连着天下
告诉我吧，明天
是一块石头，还是一把剪刀

好消息——永远在路上
以接近死亡的速度爬行，如果它
永不到达，它就是个坏东西
如果明天早晨坏消息一日出尽！
它就立刻变成天大的好消息

来吧，在这最冷的季节
让水和血同时结成冰
让一块块悬挂的玻璃跌落
让藏在身后的锋刃刺入心头

来吧，早晚要来的——都来吧
我知道好已经不能再好
我知道坏可以更坏更坏

向未来预先交出失望吧，没什么
等待本身就是天然的投降
在这龟甲占卜的年代，条条裂隙
早已包围了我们
活着是一场无法退出的赌局
索性
推出眼前的全部筹码——Allin！
上苍，2024，或者
大获全胜
或者输得精光

2023.12.30 博鳌

This Year, I'm Handing in My Disappointment Early

Jingya Xu. tr. Denis Mair

We have heard our fill of bad news, and have even
had our fill of hearing good news. We live on
day by day, not knowing where to go, and death refuses
to reveal the endpoint, where we don't want to die

It's been a year, and then another year
Time is like an unending shroud
of which we see only one yard ahead
beyond which all under heaven is connected
Tell me— tomorrow
will it be a stone, or a pair of scissors?

It's good news— always to be on the road
crawling at the speed of death's approach,
yet if one never arrives, that's a bad thing too
If all bad news were to break at once early tomorrow
the news right afterward would be awesomely good

Well then, in this coldest of seasons
let water and blood turn at once to ice

let all suspended pieces of glass crash down
let hearts be pierced by blades that hide behind bodies
Well then, what's coming sooner or later, let it come!
I know that the good won't get any better
I know the bad can get worse and worse

Let's hand in disappointment early to the future
Merely to wait, in itself, is implicit surrender
In this era of divination by plastromancy
cracks in the turtle shell have us surrounded
Living is a gamble we cannot withdraw from
So what the heck!…
Push all our chips forward— All in!
By heaven above, in the year of 2024
either come out as total winners
or lose everything we have!

2023.12.30

英诗中译（二首）

其一

作者：米雪琳·梅勒(加拿大)

翻译：星子安娜（加拿大）

米雪琳·梅勒博士是卡尔加里 2016-18 年度桂冠诗人。她的最新诗集《The Bad Wife》（2021 年）获得阿尔伯塔省罗伯特·克罗伊奇最佳诗歌奖（BPAA Robert Kroetsch Award）。 她的上一部诗集《Little Wildheart》（阿尔伯塔大学出版社）曾入选帕特·洛瑟奖和雷蒙德·苏斯特奖的候选名单。最近，她获得了 2022 年阿尔伯塔省女王文学贡献白金奖和阿尔伯塔省露易丝·霍尔优秀编辑奖。她的作品最近被翻译成波斯文、中文和意大利文。

Before the Dark

Micheline Maylor-Kovitz

Its penciled pages a Rosetta stone
a daughter forgets her diary.
Home from school today
the little book calls to me.

Holds the language of the other.
On the cover, Sun breaks the spell:
A mother must set herself beyond
desire for secrets, beyond the thrill

of necessary gravity between them, like planets.
Sun must slink darkward before the clock
tells a story that begins with the words,
a mother has betrayed her child, her lock.

天黑之前

被女儿遗忘的日记本，
铅笔写就的篇章是罗塞塔石碑。
放学回家的今天，
我被那小本本召唤。

握持女儿的隐密文辞。
封面的太阳破开咒语：
身为母亲须要超越
对秘密的渴望，超越

行星般宿命牵引的诱惑。
红日必须滑向暗处，在日暮
诉说以此开始的故事之前：
母亲背叛了孩子，背叛了锁。

其二

作者：莫莉·皮考克（美国）
翻译：星子安娜（加拿大）

莫莉·皮考克（Molly Peacock）是八部诗集的作者，她的诗作刊登于 Poetry、American Poetry Review 等知名文学期刊，并被广泛收录于各类选集。她曾获得加拿大艺术委员会（Canada Council）、美国国家艺术基金会（National Endowment for the Arts）、公民与学者研究所（Institute for Citizens and Scholars）及莱昂·利维传记中心（Leon Levy Biography Center）的奖助金。她是纽约地铁及公交诗歌推广项目"诗意流转"(Poetry in Motion) 的联合创始人，并创办了 The Best Canadian Poetry。此外，她还著有两部探讨女性艺术家创造力的传记作品，详见：https://www.mollypeacock.org/。

Altruism

Molly Peacock

What if we got outside ourselves and there

really was an outside out there, not just

our insides turned inside out? What if there

really were a you beyond me, not just

the waves off my own fire, like those waves off

the backyard grill you can see the next yard through,

though not well -- just enough to know that off

to the right belongs to someone else, not you.

What if, when we said I love you, there were

a you to love as there is a yard beyond

to walk past the grill and get to? To endure

the endless walk through the self, knowing through a bond

that has no basis (for ourselves are all we know)

is altruism: not giving, but coming to know

someone is there through the wavy vision

of the self's heat, love become a decision.

From Molly Peacock's Cornucopia: New and Selected Poems 1975-2002 (W. W. Norton and Company Inc., 2002)

烛照之心

倘若我们走出自我，果真有外界，
而非仅是内心翻转的倒影？
倘若你确实存在，并不是幻觉，
也非只是我心火焰的波影？
正如后院烧烤架腾起的热浪，
朦胧映见隔壁庭院，
依稀可辨。只是那方世界，
并不属于你，而是他人地界。
倘若我们说着"我爱你"，
那"你"确实存在，如同那庭院
穿过炭火便可抵达之地。
自我穿越之路漫长，却甘愿前往，
尽管无由可循（因自我是唯一所知），
这便是烛照：不是给予，而是去辨析，
在自我炽热的摇曳烛光里见你，
爱是抉择，不容迟疑。

译者注：这里引入唐代诗人李商隐的蜡烛无私无悔的意象来映照原诗 Altrusim 对自我以及爱的思考。

德诗中译

作者：莱纳·玛利亚·里尔克　　翻译：岩子（德国）

Eingang

Rainer Maria Rilke

Wer du auch seist: am Abend tritt hinaus
aus deiner Stube, drin du alles weißt;
als letztes vor der Ferne liegt dein Haus:
wer du auch seist.
Mit deinen Augen, welche müde kaum
von der verbrauchten Schwelle sich befrein,
hebst du ganz langsam einen schwarzen Baum
und stellst ihn vor den Himmel: schlank, allein.
Und hast die Welt gemacht. Und sie ist groß
und wie ein Wort, das noch im Schweigen reift.
Und wie dein Wille ihren Sinn begreift,
lassen sie deine Augen zärtlich los …

入　口

无论你姓甚名谁：出来吧
于薄暮时分，从你无所不晓的陋室，
远行前你最后的那所房子：
无论你姓甚名谁。
用你疲惫得几乎无力摆脱
陈旧门槛的双眼，缓缓地
举起一棵黑色的树，
纵向天空：纤瘦，孤独。
你造就了一个世界。它是伟大的，
宛若一个词，在沉默中成熟着。
即如你深领其精神的意志，
你的眼也将它轻轻放却……

译者说诗

诗的魅力之所在，恐怕最是"言有尽而意无穷，言在此而意在彼"的意境了。而诗语，即所谓"言"，"言的艺术"，可谓魅力之魅力。此一艺术，大家尤为擅长——于有意无意中布设下一个或多个歧义性"诡雷"，你就云里雾里地揣测吧、侦探吧、品味吧。这不，里尔克，尚未开场就来了一个下马威："Eingang"，这标题，译作什么好呢？

"入口""入内"？可他不是在出离么？或"开始""开头"？里尔克《图像集》的序言或开场白用的就是这个词。抑或其他？作为不可数名词的时候，"Eingang"还可以理解为"入门""途径"，或"到达""收到"，等等等等。到底或会是哪一个呢？暂且把标题放在一边，先来看看正文吧。

"无论你姓甚名谁，出来吧"。一开篇，诗人的呼吁声便迎面而来，他在向所有人喊话：出来吧，从你们各自"无所不晓的陋室"，从你们狭隘、肤浅、平庸的空间。

别有一番玩味的是，里尔克将出离的时间点选在了日入而息的傍晚时分，莫非是要古希腊式或海德格尔式的"进入遮蔽"吗？

无论如何，诗人殷切地敦促着人们，一定要走出来，乘着夜色的庇护——去远方。尽管你眼下已是疲倦不堪，但你将会看到，这个努力是十分值得的，必要的，且前景可期。

开始吧，现在就，用你"几乎无力摆脱陈旧门槛的双眼"，将"一棵黑色的树"，一棵纤瘦、孤伶，犹如每一个你，每一个自己的树，高高举起，"种"在天空——

一个新的世界就此而诞生，它是伟大的，高远的，散发着真理之光。它"宛若一个词，还在默默的成熟中"。一旦你的意志对它心领神会，诗人预言道，"你的眼也会将它轻轻放却"。这时候的你，已然"解蔽"，已然"澄明"，已然"知游心於无穷，反在通达之国"了……

再回到标题"Eingang"。"入口"亦为"出口"，没有"出"，哪儿来的"进"或"入"？反之亦然。没有"进"或"入"，哪儿来的"出"或"抵达"？恰似"遮蔽"和"解蔽"，自我超越和自我回归，你中有我，我中有你，相与一体。

不由而然地联想起里尔克一首法语诗的开句："升华亦即别离"。接下来，诗人又说："邂逅艺术的终极/难道不是一次最甜蜜的别离？/而音乐：则是我们投向自我/的最后一瞥"。此处的"升华"和"别离"与"遮蔽"和"解蔽"可谓不无异曲同工之妙，而"Eingang"则更似"一石二鸟"。不是么，若想缔造一个新的、更高的自我，必须首先打开自我，告别自我，将自己从晦蔽的状态解放出来。此一自我更新的途径或抵达，是为路，是为道，是为开启。开启别离，开启升华，开启遮蔽，开启解蔽，开启出离与抵达。

思前想后，译作"入口"吧。

散文随笔

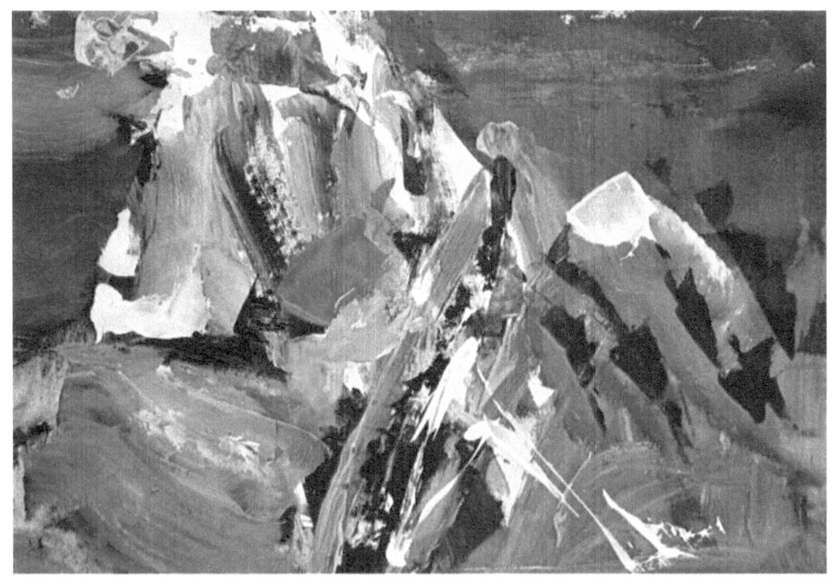

蓝正辉，觉醒，138X165cm，帆布丙烯　2024

关于臣服

子卿（纽约）

（一）

渐渐地，四周的景物都在对我耳语：你看，樱花在这四月的阳光下开得多么热烈、尽兴，但是那使花蕾绽开的，并不是着手栽种和浇水的园丁，就像使孩子们长大的，不是生他们的父母。这一刻你活着，也并不因为你自己……

我是谁？我这灰尘一般渺小的存在，竟然以为未来在自己手里。人是谁？无数灰尘叠加在一起的重量，也终将如风吹去。这样的生灵竟然想象出惊天动地的伟业，无事生非，不惜让这片大地硝烟滚滚，生灵涂炭。

在这阳光明媚岁月安好的季节，特别在眼下这最简朴却又最满足的时刻，没有再增添一点幸福的余地。我不禁心生感叹，只怪人的灵觉不容易通透，所以才想拥有更多，一味地追赶。相反，一旦沉浸于当下，太享受了，多少拥有都是累赘。一辈子走得太快，活得太复杂，真冤。

然而说到底，灵觉是否通透并不取决于自己，得靠天赋。从前我以为这种天赋是奖赏非凡之人的，直到我这凡人也尝到其中滋味，才相信每个人里面都有这天赋的种子。不幸的是，少有人经历过它的抽芽、发育，以至于跟人聊天大概率成了一件让我扫兴的事，而孤独倒成了一座享受不尽的秘密花园。如今我可以独处而自足，有分享而无依赖，向外取暖不再是必需，好不解脱！

我千百次地验证过，灵觉是否通透跟教育程度并不成正比，人的灵觉如何，眼光也如何。此刻，当我脑海中再回放世上那些出自读书人振振有词鼓吹成功、甚至煽动暴力的声浪，深感其可怜至极，愚蠢、荒谬的程度令人匪夷所思。

……周围静悄悄的，伴随我散漫的思绪，大自然继续无声地絮语着，一丝一丝透进我的心。那语调如此亲切、温柔而深邃，让我血液中的杂质一点点埋灭。

不必朝圣仪式，只要聆听大自然的声音，静静地听，造物主自会暗暗向你显现。

这时阵阵微风参合着海水的气味，抚摸着我的面颊和脖子，我感到祂充满空气，无处不在。其实，我从一出生就依偎在祂的怀抱里，我何需倚靠自己？那些记忆里的苦根，又何须我自己费力去拔？事实证明我无能为力，只该让祂的雨水浇透我里面的土壤，等土质松软，只需轻轻一拈它就会脱落。祂爱我，祂怎样让废墟长出新绿，就会怎样让我的生命在任何角落里开花，与眼前的樱花一样，静悄悄享尽绽放的酣畅。

整整一个下午，我躺在一张户外的长椅上听祂的声音，与祂初遇的一幕幕掠过脑海，泪如泉涌。没有任何文字能描述那场惊心夺魄的相遇。当时我还不知道，这将是我命运的拐点。

这之前，我已经意识到自己的角色正像被生活绑票的人质，每活一天都不得解脱。我到处求解药，脖子上这颗脑袋被各种主义塞爆，结果呢，自己倒成了人家比武的擂台，混战的疯人院，乌烟瘴气，遍地狼藉。多少年来，没有任何文字、任何主义能撬开我这颗花岗岩脑袋的天灵盖，我早已不再奢望什么终极处方，只求头痛医头脚痛医脚，能疏通堵在心口的那些血痂就好，做到不担心，不紧张，能释怀，一切心平静气……我就剩这点要求了，然而还是难于登天！那是何其焦躁压抑而又漫长的一程，里面是惨烈的内耗，外面是生存的追兵，偶尔抽身看自己，无论于内于外的路，我都活得像一头奋力拉车却怎么也走不远的骡子，可怜到无语。最羞辱的还数，哪怕绝望得屡屡想自杀了断，还是说不清绝望的缘由——别说活得冤，死得也冤。

然而拐点到来了，仿佛是对我心里的呼救给以回应，命运很快走出了激流险滩。同样是这颗脑袋，似乎转眼接通了"天线"，"信号"活跃，自动"杀毒"，自动"升级换代"，随时带给我一个安静空旷的内部环境，间或是一种深邃的寂静。那里生死的边界消失了，时间无限拉长，空间无限扩展，我感到我的时空背景被彻底重置……一转眼什么都变了，我似乎不再是原来的我。

（二）

但这一切是怎么开始的？为什么偏偏我运气好，走通了很多人没能走通的路？回头看自己，满腹的同情、苦笑，又觉得可歌可泣。有谁这样歇斯底里地敲门？活像一个走投无路前来讨要说法的怨妇和泼妇，满腔的悲愤、困惑、不甘，化做一次次撕心裂肺的呜咽。To be, or not to be，何等决绝和执着！后来才知道，这正是我很快上路的原因。浑身反骨的我，这一次，因为来不及像一个酸秀才那样去慢慢做研究，没等多久直接坠入了"蜜月期"。

记得某个早晨，我刚刚起床撩开窗帘，见太阳照进来，顿时泪水盈眶。这是我第一次为大自然的恩惠真正动情。我发现我的泪点越来越低。我家小区旁边有一处花槽，长期无人打理，还时不时堆着一些临时建渣。有一次我路过，瞥见那堆乱七八糟的水泥块中，孤零零地伸出一株黄色的十三太保，枝杆上的花全掉光了，还剩最后一朵，花瓣的边沿也已经枯干卷曲。刹那之间，我的眼睛又湿了。并非都是触景生情，很多时候毫无缘由地心里涌起莫名的感动，一浪接一浪。有一次，正当我沉浸在这美妙的心境中，忽然我的一个闺蜜到访。我刚拉开门，禁不住一把将她紧紧搂住，脸贴着她的脸，静静地流泪。她在我的臂弯中动弹不得，只能直挺挺地站着，而两手还各提着一个包无法放下。"疯了！疯子"，她乐呵呵地小声嘟囔着。那一刻，我发誓我爱全世界，甚至包括我的仇敌。有时我幸福到一个地步，几乎身上每根毛孔都在欢呼的我降生——这桩我曾经最憎恶的"不幸事件"。别人怎么解释"复活"我从来不在乎，反正我千真万确地知道，自己"活过来了"。

与此同时，仿佛我的后脑勺也长出了眼睛，看人看己都那么清晰。我第一次发现，我既没那么无辜，也没那么善良。而我的存在，更像

159

是走进每一场人间戏剧时分配到的角色，虽然照样有委屈、痛苦、愤怒，但原来那个入戏太深的我，开始意识到这是一场戏，都是戏，都是。我试着抽身，空前释然。

更奇妙的是，也不知从哪一天起，就像有无数大脑神经元给激活了，原本沉睡的意识成片成片地醒来，理解力变得四通八达。好些只该习得的知识和技能，我居然不期自得，无师自通。因为心不再饿，书也读得少了，只是随性游历，所到之处蜻蜓点水，不求甚解。明明是不折不扣的票友，却因为玩得够熟够高级，老被人误以为是资深行家。而这一切，没有经过我自己的任何努力！

可别忘了，我上路之初躲过了一群问号的围追堵截，但是这并不意味着这些问号会自动消失。事实上，直到我的内心足够强壮，再也不受其威胁和折磨时，它们才又逐渐浮现出来，一个接一个前来敲我的脑门。而这时，"天启"两个词变得如此真实，有时我几乎是在完成下载，因为怕错过，手忙脚乱，敲击键盘的手也在发抖。这些笔记零零散散，日积月累，某天拉通看，其缜密的思维，宽阔的知识视野，尤其是颇为烧脑的思想深度，显然都非我自己的头脑可及！这就像一笔延迟发放的大奖，我深知该归功于我当初的情感先行。多亏这关键的一步，奠定了我后来的一切！事后惋惜地想起，那些驮着笨重的理性大脑出发的人们，大多掉进了坑里，反而误以为此路不通。难怪他们从一开始就当成做数学题，推理加论证……我心想你傻不傻，既然不是要来当理论家，纯粹的灵性探索，本来就没有理性置喙的余地。好在我一出发就跟随直觉，毫不犹豫对理性按下了暂停键。没想到等再打开时，我见到的，它竟然是经过多次更新迭代的升级版——这可是我想都不敢想的礼物！

回头一看，我惊叹自己沿路中奖过来。自知捡到一付很难对付的胚子——性情乖戾，头脑反叛，最后反而得了性灵与理性的双重加持。再论智商，属于平均值；论勤奋，经常发动机失灵。我不禁好奇，觉得这一路的好运怎么也说不通。

直到有一天，我终于恍然大悟。原来走得远的秘诀不是努力，是安静；不是思辨，是清空；不是突围，是破茧。

而破茧的法宝又是什么呢？

我深知，是臣服。只有一路亲历过来，才真的知道，人里面确实存在一个找回种种本具天赐的起点。就像宇宙也有一个起点，也需要"第一推动力"，人内在的起点和终极动力就是臣服。

何谓臣服？用力到力竭，在深深的无力感中承认自己是渺小的受造，终于向创造主低头。这一低头，顿时激起意识大海啸，里面翻天覆地，时空大重置，伴随剧烈的震荡。很久以后我才想清楚这是怎么回事。可不是？这正是人与神在意识时空里重建秩序，相当于天地初开，物理世界发生宇宙大爆炸的能量。你曾经放不下又扛不起的定义权：生命的意义、激情、梦想、归属，现在通通交还给祂，你愿意为祂而活，心态180度逆转……臣服是一次意识大觉醒，是对创造主的屈膝和深深的依赖感。

随之而来的是，所有解不开的死结自动松开，似乎人生重新开始。你接受祂分配给自己的天资、环境、道路，现在可以任由祂把你带到任何地方，无执念，不着急，不过于使劲，不追问结果，一边安住于当下，一边默默祈求。安住，等于给灵觉的先天种子带去自由生长的环境；而祈祷，姑且悬置超自然的话题，起码是不断优化心态，等于给灵觉生长的土壤培土、施肥。难怪臣服越深，破茧越快。

破茧意味着开启内在的一口活井，一道泉源，种种无形的财富应有尽有，取之不尽。灵觉是一项极其特殊的产业，虽然看不见，不像美貌、才学、资财、地位等等资本那样惊艳八方，但却威力非凡，足以催化人的全部潜质，赋予你最省力气、浪费最少、性价比最高的人生。

（三）

人各有志，一些人宁肯走出热闹拥挤的人群，安于鸡毛蒜皮的日子，只求把它活成一串静悄悄但熠熠生辉的节日。而另一些人志气高远，向往的是轰轰烈烈发挥影响力的人生。对于后者，我想说，若不先让自己灵里充盈，胸怀天下多半是一首可疑的英雄诗。

你想，一颗干涸的心哪会明白清欢自足之妙，只能一个劲向外追逐，如果得展抱负，更会加大马力疯狂冲刺，把本来就不足的灵性榨干。别忘了这样的例子比比皆是，出发时壮志凌云，激情燃烧，向往的是一展抱负，到站时却成了一架精于扩展地盘的机器。机器功能再强大，没有内在的血肉感官，又何必来做一回人呢？

当然你也可以说，功利和灵觉往往是鱼与熊掌，人人各得其所，无所谓谁赚谁亏。然而更大的问题是，一个失去灵觉又野心勃勃的人，其大脑很难抵御各种疯狂思想的入侵，他一路滑向妄想狂和恶魔的结局实在顺理成章。只要数一数人类多少灾难始于英雄梦，便知一个人想要登高，清理里面的垃圾是多么必要！休习清静就是扫除垃圾，一不让自己沦为野心的苦力，二不至于成为他人和社会的祸害。

所以入世得始于出世，有为得始于无为。出世和无为，我以为正是练习臣服的课堂，是守望破茧的前夜。隔绝外部打扰，听凭道路向内蜿蜒，越走越深，这时你会发现心灵的宇宙无限广袤，够你旅行千百世。人们以为你什么都没做，其实沧海桑田，你经历的又何止一生？人生在世，读懂了自己也读懂了他人，足不出户已经看尽人间，你深感自己已经不虚此行。到达这一站，说不定你会对当年出征的抱负一笑置之。

就算你仍不放弃追梦，凭养足的灵性，上路时省去了多少缠累、挣扎、祸患！因为习惯了清欢自足，在人生边缘做看客的时间久了，自然也就有了一副好视力，哪天再看人间，仿佛是从一个超然的维度向下俯瞰，世俗的地貌一览无余。以如此开阔的眼界，自当有很高的起点，你选择的时机、方式可能都远超出常人的理解。人家个个拼力气拼坚持，你倒像一个懒汉和痴人，花不少时间跟"空气"交流，唯恐没能把自己的意念、情绪、思想通通清空，让位给天上灌下来的信息。人家谁不是早早上路码资历，从媳妇熬成婆？你却既不进圈也不入局，无身份，无来路，反倒什么都敢想敢做，难免惹人嘲笑和睥睨。人家心想：哪来的妄人，神经不正常，怕是个妄想狂、偏执狂、认知障碍、幻听患者。对此你只顾窃笑，反而有点得意，心想前些年果然没有白费，莫非我也轮到了一份"天才奖"？一边暗忖讥笑自己的人们说，我独自面壁时，你们在赶路，现在我开始飞，你们仍然在用双腿跑马拉松，你们怎么可能抵达远景呢？又怎么可能看懂我呢？

　　太多的经历告诉我，越是志存高远，越是需要借通天之能激发充沛的灵性，不然既看不清里面的导航仪，也找不到最匹配自己的加油站（"定制款"加油站一定会出现在你与创造你的那位默默交谈之际）。换言之，臣服越深目标越清晰，速度也越快。更奇妙的是，因为交出了命运的方向盘，曾经不可企及的梦幻般缥缈的蓝图，也会逐渐显影到现实中，不再是够不着的天边云霞。甚至，鱼与熊掌并非一定不能兼得。

　　似乎这很功利，其实真不是。如今做梦却不被梦迷惑，深懂顺势而为，服从造物主的意志，压根不再强求。若要搭上焦虑和压力，还赔上很多独处的时光不能跟祂互动，我真的觉得不值。如今我总算活明白了，知道能圆梦与不能圆梦各有各的成本，各有各的好。世上风景万千，重要的是，自己要是自己的风景。

　　好久没去教堂了，但是大自然总是让造我的那位等在我的路上。花朵、落叶、风、雨、晚霞、灯火……它们在时光深处絮语着，为我铺好了一条通往祂的秘径。太阳快要落山了，我披着暮色往回走，又隐隐望见当年那个躁动不安、自大又自卑、被哲学心理学烧坏了脑子的年轻女子。在她空荡荡的履历表的深处，其实才是她内心真实走过的万水千山。多年前她在一首诗歌里这样写道：

　　不仅仅是我/是马冲锋的速度、叛乱的火/是埋葬群星的深山/打开便无法结束的书/是铁网与鸟之间罂粟花聚集的王朝/是永远下大雪的远方/是尽头。

　　多么迷惘，多么惊心动魄的绝望！经历了多么痛苦的长途跋涉，终于在一次次破碎中认清了自己。既然是一粒灰尘，何不臣服？臣服激起一次接一次的精神风暴，沿途摧枯拉朽，这之后一抬眼，顿觉海阔天空。

2024.4.28（户外晒天阳、听录音《耶稣颂》有感）2025.2.22 定稿

川中笔记（两篇）

山篱（成都）

游寺记

乙巳年初二日。

至文殊院，見眾人熙熙，香霧裊裊。

文殊院舊名信相寺。隋文帝之子蜀王楊秀寵妃聖尼信相，曾於此建寺，稱信相寺，唐時盛極。

後唐武宗會昌五年滅佛焚毀，元代復建，後明張獻忠起兵焚毀成都城內寺廟，文殊院未能幸免。

清康熙年間，慈篤海月禪師結茅於古信相院荒址，並於此建寺，改信相寺為文殊院。

慈篤禪師品妙節高。康熙帝曾三次下詔請其入宮，慈篤禪師皆「以疾」辭。康熙感其品行高潔，賜寺名「空林」，慈篤遂以「空林」為文殊院別稱。

文殊院內六重大殿，為天王殿、三大士殿、大雄寶殿、說法堂、藏经楼，皆為清代重建，另有鐘鼓樓、祖堂、准提殿、圓通殿、玉佛殿、三聖殿、五觀堂諸殿堂又千佛和平塔、放生池、東西花園。

進山門，右即鐘樓，內有大鐘，門有楹聯「晨鐘暮鼓驚醒世間名利客 經聲佛號喚回苦海迷路人」。鍾鼓遠飄，能驚醒世間客否，人不及末路，鮮有醒者。

宸經樓內供佛骨舍利子。民國初，文殊院大德能海上師往印度菩提伽耶朝禮，遇重慶籍僧人於此經營供奉香火，並將所供奉佛骨舍利托海能大師帶回文殊院。

樓內另供玄奘法師舍利。玄奘往印度取經時，於文殊院受戒，且在此修行五年，因緣際會，文殊院得以由南京報恩寺請回玄奘頂骨舍利一粒。

此兩粒舍利，令文殊院佛光高照，香火經久不息，芸芸眾生慕名朝拜。

去歲四月初八日至寺，不意正逢佛祖誕辰日，宸經樓開放供遊眾信徒朝拜佛骨舍利。其時寺院香火，遊人如織，誦經清揚聲中，寺內一派莊嚴肅穆。遇一佛弟子，猶囑我朝拜佛祖著正裝。是日後院圖書樓對外開放，瀏覽經書，如觀祥雲。

今新春來寺一遊。午時於香園齋食飯，冒菜。飯後焚一柱香，香煙如絲如縷，沐手抄經，下筆生艱，後稍好轉。聞誦經梵音，於宣紙手抄「金剛經」，煩絲與香燭俱消，心無旁雜，澄心靜思，於此佛堂消此良辰，其樂何如。

抄經畢離堂，復遊園。後院樹木參天，張燈結綵，燈籠書「柔和禎祥」字，一派人間喜氣。雖逢佳日，尚有寒意，萬木蕭條，圖書樓門扉緊閉，落葉滿地，鳥雀低旋。圍牆處有竹林，鬱鬱疏竹，枝葉蔥翠。

暮色漸起，細雨紛飛。請燈文創處竟遇經書，如逢故舊，喜之不盡。

七年前曾見此種種書籍，前兩年消匿，今復見，一仍金陵刻經處刊刻字樣，此際遇，實書人有緣。閉館時辰至，出寺回望，巍巍古寺盡隱於蒼蒼暮色。

冬日花事

眾花中，獨喜梅，喜臘梅。

臘梅和梅，雖都箸梅字，卻不屬同科。梅屬薔薇科，與桃，杏近親。臘梅卻屬臘梅科。雖兩者無關，分泌的香味卻似乎含有同一種物質。只不過梅花香淡雅，清幽，臘梅花香更為濃郁。

「花鏡」記載梅：「梅花最先發，雪裡吐香，清絕塵俗。

品類甚多，有白梅、紅梅、綠萼、朱砂等。栽培宜瘠土，忌肥壤，性喜寒，最耐霜雪。」

又載臘梅云：

「蠟梅，高不過數尺，葉橢圓而厚，秋深方落，至臘月開花，香聞數十步，四出有瓣，色如蜜蠟，故名蠟梅。栽培以土疏水活者為佳，宜向陽處，忌積水。可作盆玩，宜剪截，仍須護以防。」

梅以其凌冬不凋，香遠益清，不媚於俗，不惑於眾，自古及今深得雅士所好。

東晉名士桓伊，每至寒冬便於梅樹下吹笛。笛音繞花，人花兩映。一次他江邊吹笛，好友王徽聞之，以其音三次遞進，如梅花三開，因名之曰「梅花三弄」。

後來梅邊吹笛也成雅事。

宋徽宗更是以梅入畫入詩，即便被解押北途中，仍以梅入畫。

至於朱元璋，貧時道途無食，竟曾食梅療飢，堪與仙比。

即如曹翁，似亦極喜梅，「紅樓夢」中曾屢屢提及「梅」。

太虛幻境中，驚幻仙子贈寶玉一枝梅，云「梅與其有宿願」。

大雪天，詩會，湘云酒醉，雪地梅花樹下酣睡，又是如何風雅。

「四下里找尋，才在梅花樹底下尋著。只見湘雲倒在花影橫斜處，身上落滿了梅花瓣，口中猶自囈語。丫鬟忙喚起時，湘雲醉眼惺忪，笑道："好香，好香！我夢中似游天香國，原來是落花滿懷。"說著，掙扎起來」

寶玉踏雪往攏翠庵中折梅，文中寫到：

「一面說，一面大家看梅花。原來這枝梅花只有二尺來高，旁有一橫枝縱橫而出，其間小枝分歧，或如蟠螭，或如僵蚓，或孤削如筆，或密聚如林，花吐胭脂，香欺蘭蕙，各各稱賞。」

寒冬裡游園，灰蒙而倦怠的天底下，山枯水瘦，連樹木也有些黯淡而無色了，一些落葉喬木，光枝脫葉，目之所及，一派蕭瑟。

如此落寞中，走過小區紅梅樹下時，淡淡清香襲來。抬頭望去，梅花燦若緋雲。

而冬日裡隨處可聞的極似梅花香，卻又較之更濃郁清冽者，便是臘梅花香了。

臘梅花極小，淡黃，花瓣晶瑩如玉，多是兩朵花瓣相連，若孿生。樹類灌木，三五枝一叢，每一枝皆纖細。

那日見公園裡的臘梅，竟高可蔽日，樹梢開滿了臘梅花，枝頭繁花，須仰視才可見。樹下香氣氤氳，幾乎令人醉倒。

年前逛菜市，見熙攘的集市中，有花農擺了許多臘梅花枝來賣，或花已發，或尚是花苞，挑選了幾只多花苞的枝幹，回家插入花瓶。

房間空調開著，煦暖如春，把插了臘梅的花瓶擺放飯桌，如此，飯時也可聞香下飯。

初時，花香濃烈。只不過兩晚，臘梅花苞便紛紛掉落，暫時未落的花苞也不再綻放，且也不聞花香，竟和去年那瓶相似的遭遇。

去年也從菜市場買了臘梅回家，把它們放入花瓶後，另滴入植物營養液。

心下忖度，在溫暖房舍和營養液的加持下，臘梅一定會開的更加繁茂。

不曾想，幾日後，花苞如雨零落，未凋落的也盡乾枯，薄如蟬翼的花瓣竟如片紙。

如今，這瓶臘梅竟也一仍去歲的命運。

那日又去菜市，見菜農攤位前放置的臘梅，凌然綻放，奇香縷縷。

依然無法抵禦誘惑。便又挑選了幾枝臘梅。菜農遞給我時叮囑道，勿放於空調房。

原來如此，我憬悟，前兩瓶臘梅之所以迅疾落花的原因了。

於是回家後便把它們置於陽台，其處背陰，清冷，午後有日光。

寒冷中，這瓶臘梅枝幹勁直，且花苞接連開放，馨香裊裊。

梅花，臘梅，它們並無關係，然而對於世俗過分熱切的遠避，卻如出一轍，一概──「清絕塵俗」，也因此深得中國文士專寵。

其情其意，外邦人大概很難揣摩共情。世界各地適於種植梅樹的地方頗多，而並不見其蹤，也不見眾多人士的追崇，可見換了時空，同一物之意蘊盡變。

物自有其品性。

無論梅或臘梅，性喜寒，人為的喜好愛憎並不能使它們有絲毫改變，人即便欲示好與它，不適之愛，它們斷不領情，若欲與其共頻，更是不可為之事。

若冬日無梅，著實「堪稱恨事」。

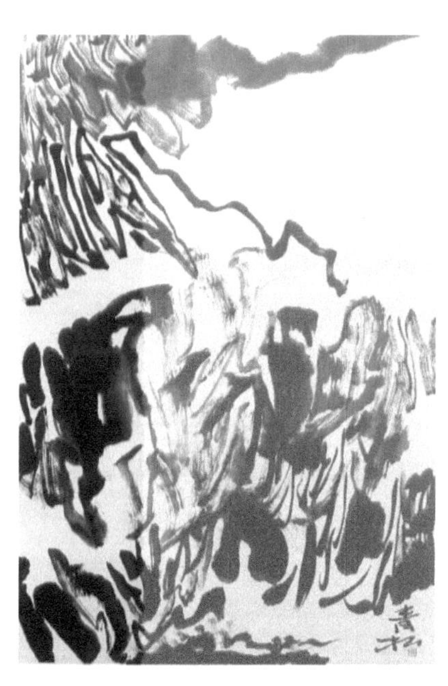

郝青松，狂野震动，纸本水墨，70X70cm. 2017

草木情怀之幽兰听香

新德（纽约）

大年三十，从康州赶回纽约过年，窗台的兰花开了，这个兰花真是有灵性了，赶在春节开放，瑞兰迎春，是个好兆头，心里可美了。正月初五，女儿也回家过年，兰花真是盛开了。五片嫩绿色的花瓣拱卫着一片洁白的花蕊，而白色过渡到粉红，有着紫红的点缀，精致而又素雅。

女儿说，这花很漂亮，但不香啊。我忍不住凑近花朵细闻，真的没有香味，我笑笑说，真水无香啊。

夜深了，我坐下来，把蘭花放在书桌上，在橘黄色的燈光下，静静地放欣赏兰花的幽姿。"幽蘭在空谷，本自无人识，只为馨香重，求者遍山隅。"兰以幽香闻名，而我面前的这盆兰花，似无香而其香在骨，非闻香而聽其香也。几个月前，在陳府喝茶，茶室中的惠蘭开了，丝丝的幽香飘浮在空中，若有若无，我凑近兰花，去闻那花香，却是不可得。当時史蒂夫说，如此闻香，就见外了。记得那時候，流香点起，香煙宛如一条溪流，从香器中潺缓流出，入于空中，幻化莫测至杳不可见。轻柔的音乐亦蕩漾开来，入于耳中，轻叩心扉。茶已泡好，茶湯清澈明亮如琥珀，百年的時光化出了人参的香味，入口可得。我的脑子中，"聽香"一词，如一道灵光闪现，照得当時的情景透亮；而我此時静坐独对幽蘭，相看不厌之状，也是"聽香"的妙用了。

　　我静静坐着，微闭双眼，儿時养的一盆春蘭的馨香，穿过半个世界的時光，入于耳中，分分明明，听得真切。几周前植物園的一樹腊梅绽放，虬枝托着冰晶，蕊心藏半截月光，风过处簌簌落着琥珀色的音符，月光便染满了金黄色的香味。我的思绪飘啊飘，桂花的香味溢耳，杭城的三秋桂子，是懂通感的。那些碎金般的骨朵儿总在夜里悄然炸裂，香味沿着月色，沿着街道，一路流淌到枕边。我闭目静坐，任那些香甜的颗粒漫过耳垂，"只有香如故"，如故的江南的桂香，分明在耳边是流动的，在我的幽兰间踩出细碎的舞步，最后都化作宣纸洇开的墨痕，落在案头未写完的信笺上。"三秋桂子，十里荷香"，是啊，还有十里西湖中的荷。雨脚踩着莲叶，敲出满湖的绿琵琶，暗香从裂开的莲房中汩汩溢出，随涟漪一圈圈漫向苏堤。乌篷船头的老者忽然开口："荷花香是要用耳朵听的。"果然见水雾中的粉瓣轻颤，每道褶皱都在吐露芬芳，恍若千手观音在暮色里结印。此刻方知张岱所言"香破鼻观"，原是教人打开浑身毛孔，让六根化作接引香气的风铃。

　　听香，是一种禅定的境界，《楞严经》中「六根互用」思想，耳能见色，鼻能听香，宋代高僧释正觉诗云：「鼻观舌根犹点检，通身是口也难宣」，已隐含感官交融的禅意。而观音法门讲得更清楚："一者，由我初获妙妙闻心，心精遗闻，贝闻觉知不能分隔，成一圆融清净宝觉"，靠自己耳根反听自己念佛之声，获得极微妙的心法，明心见性，达到「心精遗闻」的境界，心的功用精炼到极致，根本不胡思乱想，不需靠耳朵听声音，只有一个能听的本性，无依无著，清清净净，安然在此。因此「见闻觉知不能分隔」，你要看那里，便看到那里，要感觉什么事物，都感觉得什么，身心合一，见闻觉知，就是一个圆满无碍、无所不能、纯然自在的清净之心，「成一圆融清净宝觉」。所以，听香是何等境界，不是我这样的凡夫俗子能达到，而心向往之，权作文字的游戏，诗意的追寻。所以，文人都觉这是一个妙词，我且列举几个：

　　明代张岱《陶庵梦忆》记扬州清明「舟中丽人，尽开帘幕，鬓影衣香，不啻聽香」，首次将「聽」与「香」并置，赋予香气流动的韵律感。

苏州拙政园「听香室」、留园「闻木樨香轩」，皆以建筑空间引导人「以耳品香」，暗合计成《园冶》「移香就月，声气相求」的造园理念。

清代沈复《浮生六记》记芸娘制「荷花茶」：夜幕将晚荷轻合，晨取茶叶包置花心，次日「烹泉瀹之，香韵尤绝」，谓「此乃聽荷吐纳一夜之功」。

纳兰性德《采桑子》「月度银墙，不辨花丛那瓣香」，实为「聽香」的视觉化表达——月光如水，香气如波纹荡漾。

董其昌论倪瓒画作「一木一石，自有千岩万壑之趣，此谓墨香可聽」。

张充和亦有妙语，她曾在美国耶鲁大学种竹，写信给友人道：「新竹裂帛声里，能聽见故园旧香」，让竹香承载文化记忆的穿越性。简媜诗语「昙花劈开子夜的声响里，我听见香气碎落如瓷」，是典型的诗人语言。

诗有禅，这是毫无疑问的，禅意之诗，总是那么的美，那么的超脱，幽兰听香，听的是馨香，还是幽香，抑或是天香？宋代禅僧天衣义怀参访翠峰，问：「如何是祖师西来意？」峰曰：「聽香去。」而听者为谁，是幽兰，是天衣义怀禅师，是足下，还是在下。

序醉茶听雨新年心声

辛晔（纽约）

醉，是一个有浓烈色彩的字，有强劲生命力的字。哪个字碰上它，就鲜活起来，爱憎分明。最易跳入的是醉酒，李白斗酒诗百篇，长安市上酒家眠，可谓醉的艺术境界。可惜醉酒不免为后世凡夫俗子所污，失去了诗的光华。也有人醉烟，尤其是抽雪茄，门外汉因此入醉，醉到深度昏然不醒。至于醉不可名状之烟，不说也罢。而醉茶，则有风雅之气。一杯绿龙井，至清至香，然不过三注，似难入醉。那就得金骏眉、铁观音、大红袍了，其醇其厚，称得上诵读者的佳侣，诗人的良伴。那么，醉于茶，其醉于诗、于声、于情乎？推茶及人，醉茶，当是醉人、醉心了。那，才是要紧的事。

醉茶而听雨，那又是怎样的境界呢？读诗诵词人，不免想起蒋捷之"听雨"。少年听雨歌楼上，红烛昏罗帐。壮年听雨客舟中，江阔云低、断雁叫西风。而今听雨僧庐下，鬓已星星也。悲欢离合总无情，一任阶前、点滴到天明。当年竹笛等善诵者结社，何以号为"听雨"，我一局外人，仅能揣度耳。或许，是过目诵读一篇篇诗文，体会辞人墨客之不同心境，仿佛目睹红烛罗帐之浪漫，历经客舟雁鸣之艰难，乃至聆听冰霜满面者心如枯木之绝唱？

醉于茶，足显风雅儒韵君子之道；听之雨，乃感人生倏忽悲欢舍离之谛。醉茶听雨雅社诸贤藉新年之机，吐露心声，洋洋洒洒而六十合奏，其聲清，其情真，可谓天籁之音，超然象外。竹笛命我作序言数语，不得已而为之，以一己之寸心度君子之玉怀，或勿罪我欤！

二零二五年元月七日

布罗茨基不在了，昆德拉还回来吗？

彭一田（广西）

布罗茨基写过一篇题为《昆德拉为何厌恶陀思妥耶夫斯基》的雄文。他在文中写道："对于一个艺术家而言最糟糕的是他把自己看成是艺术的拥有者而把艺术看成他的工具。这种看法是商业市场下的艺术感受力的产物，在心理学层面上，它跟艺术赞助人把艺术家看成自己花钱雇的员工如出一辙"。布氏这番话他是指着昆德拉说的。我想说的却是，昆德拉为何不能厌恶陀思妥耶夫斯基？厌恶或喜欢一名作家以及他的作品，应当是一个人的天赋人权，你布氏凭什么顾盼自雄地去质问人家"为何"呢？

布罗茨基与昆德拉的文字交集，在我看来是两种人格样式的留痕——当然仍是以文学思考和文学样式。如果说，布氏是一座嶙峋的岛屿，那么可以说昆德拉就是一潭幽深的湖水。观察他们二人去国的生存历程，布氏是被自己的祖国十分突兀地驱逐至另一个陌生的国度，他自己在当时是没有任何生计可言的；昆德拉是以被邀请讲学的名义去了他国，他有工作的理由。布氏一无所有，他是被置至"死地"后生的，而昆德拉有一份教师的体面工作。这二人的生境当然不是形成他们思考维度与作品风格的全部理由，但他们各自在审视人类之中的文学思考的深度，可以说大抵是异曲同工且并驾齐驱的。布氏以英雄的方式匆忙活了短暂一生，他终于把自己"写"死了。我认为布罗茨基是累死的。而昆德拉是以某种程度的"离场"——尤其后半生是以隐居的方式来观察和思考世界的，于是，他才得已更清晰地看到那位"发笑的上帝"。

　　诗性是人人皆有，万物皆有的，问题在于一个生存者写下诗意的过程充满歧途。以写诗来择出滚滚红尘里的自己，大抵是很多为诗者的本初之心。就个体精神层面而言，诗歌既是内心高蹈的存在，又是自我修为的一种方式与路径；若以职业态度写诗，显然事关人格生存的独立性。布罗茨基的诗歌谱系里有本国的阿赫玛托娃和英裔美籍奥登等人的营养成分。阿赫玛托娃联茨维塔耶娃，奥登接艾略特，这些人的作品都有深厚的十九世纪~二十世纪的诗歌价值美学传承，而出身于犹太人的布罗茨基兼具斯拉夫气质，加上生活的磨难而铸就了一身强悍的彪子气质。当然，布氏之所以成为那个年代世界级彪哥的外部原因完全是拜政府当局所赐。我去年写下的诗歌《布罗茨基，十二个哥哥在路上》，是重点思考了贯穿布氏一生的那种英雄气质的。由于世界进入"新时代"以来，诗歌愈发被置于小众化和私人化的境地，所以，与其说后来的布罗茨基是以诗歌作品获得诺贝尔奖的，不如说（事实上就是）布氏是以他卓越的诗论和散文而得到的这一奖项。布氏说的"小于一"，就是大于一。

　　昆德拉最先也是个诗人，当年，他的诗歌激情跟他的政治热情差不多是同时迸发和分维行进的。昆德拉在写出三本诗集的期间曾有过两次入党。昆德拉后来被党籍除名，也自动放弃了诗歌写作。由诗人而小说作家的写作方式转换，表明了昆德拉思想的某种重大转折——我指的是昆德拉已然意识到诗歌体裁的弊端与局限，从而自发地转向了另一种文体建构。从深层意义上说，文体即维度，即态度，即立场，即世界观，即意识形态。虽然如此，人们还是在后来看到他写下的一句名言："这是刽子手和诗人联合统治的时代"，这难道不是昆德拉对自己作出的反思和一种内心警示？！所以，昆德拉虽然不像彪哥布罗茨基那样再去写诗，但他内心的"诗意"是有迹可循的，他因自省而变得更加地富于人文宽度了。我还记得昆德拉在他的一本小说中借某主人公的口说："抒情诗人一生都在自己脸上寻找男子汉的标志"，我以为这句话也是他对从前的自己的一种判断性认知，属于自省的性质。此后的昆德拉专注于对小说形式的思考与探索，终于使小说这一古老的媚俗话本体裁形式脱胎换骨，人们通过阅读他的小说形式，而可能获取全新的生命体验。距今约 30 年前，我在通读了昆德拉的《生活在别处》《生命中不能承受之轻》《玩笑》《不朽》《笑忘录》《小说的艺术》等多部著作之后，自然而然写下了《诗歌内外的米兰昆德拉》一文。显然，阅读昆德拉的文本有助力于加深我对诗歌走向的思考。因为，在这样的人间，对诗歌光凭热爱是远远不够的，仅"喜欢"二字不足以伴你度过漫漫长夜里的一生。

对诗歌而言，一个人就是全世界。诗者不是因为集体的梦想，而是由于个体的祈祷在托举未来，——未来类同于宗教中的"无我"境界。现实生存环境造成的惊恐，自己内心对生命之美的憧憬，个人的修为愿景等等，纷纷糅杂在未竟的诗意之中，催促自己不断地去衍化诗歌文本形态。诗写者以自我修为领悟"祸福无门，惟人自召；善恶之报，如影随形"的因果关系。在我看来，只有具备个体修为意义的诗歌才具有自洽性和完整的自足性——：诗是以对内在世界的隐喻，而不是对生存样态的映像式表现与抒情式反映，去见证自我存在的。后来的昆德拉以他小说的文本方式消弥诗歌文本，他陆续以"消解"的方式将自己内心的诗意"托孤"。而布罗茨基却在他诗歌的体裁形式中继续舍我其谁，一往无前："黑马在我们中间寻找骑手"。虽然，后来作为美籍俄裔的布罗茨基在许多时候是以散文来作为他诗歌衍生品的方式"消化"诗意，但是他自己并不认为散文是对诗歌的"消解"，相反，他坚定地认为他自己的散文是诗歌的"再出发"。

相对于诗歌而言，小说这种形式本身是"媚俗"的，既便是大幅度"去故事化"的昆德拉文本也无法完全地"去小说化"，——否则昆德拉的作品便无法称之为"小说"了，更不能称之为现代小说的一种范式。所以，昆德拉相当于反对流水而自己却置身于无边的洪水之中。而布氏的一生是以岛屿的态度直面汪洋大海的。在这里，饶有兴致的问题还有，布罗茨基最后为什么选择（或被选择）威尼斯作为自己的长眠之地呢？他是终于悟得了东方式的做人智慧：人生是过客，大隐隐于市？还是已然把"逝者如斯夫"的流水当成自己早已失踪，并且不可能寻找回来的故乡？！

这个年代，许多人对故乡一词的理解和运用不尽相同的。凡是不能回去或不想回去的，叫做故乡，而在有生之年能回去的，叫做家乡。和布罗茨基不同的是，昆德拉是被其政府当局批准而"流亡"的，布罗茨基则是被其政府当局驱逐的。昆德拉和布罗茨基遭际的不同之处还有：2019 年 11 月 28 日，捷克共和国驻法国大使彼得·德鲁拉克在巴黎昆德拉的公寓里拜访米兰·昆德拉，以递交他的公民证。米兰·昆德拉重新获得来自祖国捷克共和国政府的公民身份。

至于布罗茨基获得诺奖而昆德拉没有得到这件事，我一直觉得布氏的作品是因符合传统文学价值和美学规范才进入诺奖评委们视野的，昆德拉作品却因大幅度超出既有的审美规范而不能得到。布氏作品的价值能量在诺奖评委能够认知，和可以接受与把握的范围内，而昆德拉作品的能量价值，诺奖评委们不但恐怕难以把握与容忍，甚至在认知层面都可能发生困难。总归是评委的认知能力在决定诺奖的实际水平。昆德拉除了长期以小说的方式"讥讽"人类的存在状态，还犯有颠覆小说本身的宗旨与内蕴，包括对小说的文本形式胡编生造，反复去故事情节化，强行塞进属于哲学范畴的长篇大论喋喋不休，以及用音乐思维胡乱指导小说文本形式的衍化等等罪行。乃至包括这个南腔北调的外来人在大学所教的课程：小说与音乐的关系，凡此种种都属于对人类现存秩序的破坏与颠覆行为。更令人可恶的还在于，昆德拉的险恶用心以他自己的话说来却只是：玩笑（而已）。一句话，昆德拉把小说写坏了，继而通过小说把人们带坏了，但昆德拉却是一副理所当然与若无其事的样子。要知道，这一切均出自他差不多半生以来对现有文明世界的"解构"立场！

完整意义上的人应该心怀诗意，这就是通常说的情怀。而诗意是属于私人的内容，写下来形诸于文字，是作者将他自己内心的一种敞开。作品以公开或地下方式面向社会或小众，本质上还是私人对公众的奉献，包括可能的劝谕、启示等。总之，诗意是关乎私人内心完整的那部分隐私，而文学不过是社会文化的一种维度和消费性认知。在流行层面上，文学是一种职业。有关昆德拉小说的撕裂、媚俗、玩笑、形式、荒诞、忘却等主旨内容，以及他自己隐居的生活方式，从哲学上说都是他的一种"独孤求败"方式。但是昆德拉的上述困境又何尝不是人类本身的深刻破绽？昆德拉是具有多重性的，无论他的后半生是怎样地隐居在这人间，他都以自身生命在年代历程的遭际本身（包括见闻）讽喻人世；更为重要的是，昆德拉以他的艺术印象解构着"自我"——以其不可磨灭的文字方式。于是，昆德拉自身在成为一道历史隐喻的同时，还将是一个观照人类未来的寓言。

2023 年 7 月 11 日下午，昆德拉在法国巴黎第七区一条小巷尽头的公寓内去世，享年 94 岁。布罗茨基则早在 1996 年 1 月 28 日，因心脏病突发，于美国纽约离世，享年 55 岁。他们二人都没有在当年离境和被离境后，再回到自己的祖国。

2023.7.19 草，2024.6.9 定稿。

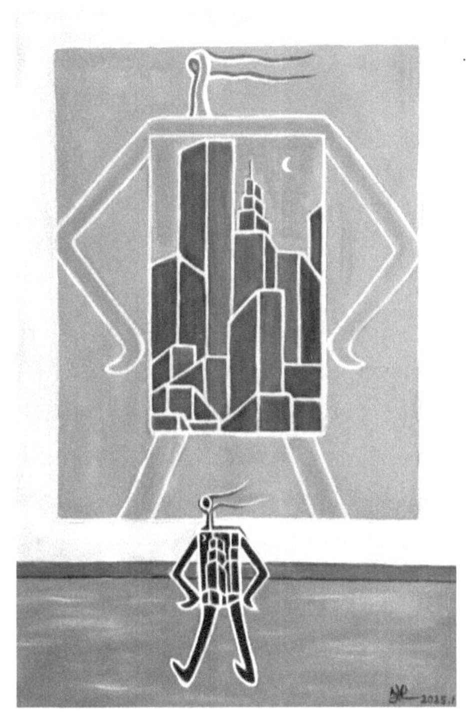

严力，AI 已在欣赏自己了，60X76CM，画布丙烯 2025

亲爱的珍妮

周德芳（纽约）

所谓故乡，只不过是我们祖先流浪的最后一个地方。作为家族第一代移民北美的我们，该如何尽快融入异国他乡？从而有能力为我们在这片土地上生长的子孙营造一个更好的故乡呢？融入的标准又是什么呢？

假如一个在中国生活的老外，端午节的时候尝粽子，中秋节的时候买月饼，春节的时候给孩子们发红包，特别是看到赵本山小品的时候会乐不可支，我们就会称赞这个老外"已经很中国了！"同理，当一个在北美的华人新移民，可以无障碍的驾车，从纽约到南卡，从德州到路易斯安那；会为后面的人扶门，任何时候听到有人打喷嚏，God bless you 会脱口而出；在感恩节的时候会认真思考，开出一份长长的需要感恩的清单。那么朋友们会说："哇，你已经很美国了！"很幸运，我的朋友们也会这样鼓励我："德芳，你已经很美国了！"我想这要归功于我的 Languages exchange partners（语言交换伙伴们）。

当我决定离开上海来陪伴在纽约出生的女儿读书，开始定居美国之时，正是中国经济腾飞之际。学习中文几乎成了世界的潮流和时尚，彼时纽约一位热心公益的年轻人 Ray 组织了一批想学中文的老美和一群想学英文的老中，自愿组成 Language exchange partner。前前后后，我一共有过五位语言交换伙伴。

第一位是个很年轻的警察，他说提高中文会让他的工作大有益处，因为纽约华人无处不在。

第二位是一个可爱的小学数学老师，她是一位 ABC（在美国出生的华人）。我的英文名字 Scarlett 的拼写，是她帮着确定的。

第三位是一位美丽的纽约电视台主持人。她邀请我和女儿参加了她的跨国婚礼。我和女儿是第一次知道，老美结婚的部分仪式需要到山清水秀的风景迷人之地举行，而且婚礼要连续举办三天。那一场在纽约上州如诗如画的万紫千红中举行的浪漫婚礼，让我留下了"后遗症"——从此那漫山遍野的枫叶让我欲罢不能。每年的秋天我总是一次又一次的去探望大印地安村落的丹红，从不缺席。如果有朋友要来纽约旅游，我总是会说 10 月底来吧，我开车带你去看枫叶。

第四位是一位人生规划顾问导师，金发碧眼的她同时还是一位心理医生。她的客户之一娜塔莉波特曼，是电影《这个杀手不太冷》的女主角扮演者。

今天我想说的是我的第五位语言伙伴，她也是我最重要的一位语言伙伴，她叫 Jean，我称她为珍妮。珍妮是一位知性、优雅又幽默的女士，年轻的时候她曾经在曼哈顿办过个人画展。直到现在，她还在坚持铁人三项的锻炼。可谓文韬武略。从 14 年前我们每周一次互相学习语言的伙伴，到如今变成了彼此生命中最重要的莫逆之交。

珍妮是我认识的美国人中，对中国文化最痴迷的人。她执着地认为自己上辈子肯定是个中国人。她会常常陶醉在汉语之美妙中：比如说"电梯，带电的梯子。谁发明的？好精彩的创造！"再比如说"饮酒、品茶、喝汤。同一个动作，不同的动词，细细回味妙不可言！你看看英文却只有一个动词：drink wine, drink tea, drink soup，好无趣。"看我没有做出热烈的回应，珍妮有点失望了，为我们这些母语是汉语的人，却不能领悟汉语之美妙而遗憾，让我很有些惭愧。至今我都清楚地记得珍妮请我到西餐厅，我们吃着菠菜，她一遍又一遍地指着菠菜教我发音 spinach、spinach。我们在一起吃无花果和木瓜，我一次就记住了她教我的：Fig,Papaya。当我的英文稍微有点起色的时候，她问我："Scarlett，你是要学习说一般的英语呢？还是想学习一个受过高等教育的人所说的英语呢？"我回答："当然是后者！亲爱的珍妮。但是美国人会说两种英语吗？"珍妮神秘一笑："那好，你以后询问洗手间在哪里，不能再问 where is the toilet or where is the restroom? You had better ask where is the ladies' room? 这相当于你在中国问别人，请问厕所在哪里？洗手间在哪里？女盥洗室在哪里？它们之间是有区别的。她还告诉我，同样是运动后出汗，女人只能用 perspire 和 perspiration 来形容。而千万不要用形容男人出汗的词 sweat 和 Sweatiness。

当我们建立起更深厚的友谊的时候，她说我们俩的丈夫需要正式见面。然后她英俊的先生约翰和我的先生少雄各自在家大显厨艺，分别你来我往的宴请彼此两家人。当然她做高中老师的丈夫，像绝大多数老美一样只会说两句中文，一句是"你好！"另一句是"谢谢！"而我的先生大概也只记住了 20 个以内的英文单词。他们俩互生好感，除了竖大拇指表示菜做得好，就是埋头吃菜或抬头傻笑。珍妮亲切地称少雄为"哥哥。"而哥哥非常受用地答应。哥哥偷偷和我说"这个珍妮妹妹年轻时候肯定是个大美人！"就这样珍妮跟我说："Scarlett，我不想再和你做语言伙伴了，我要和哥哥做语言伙伴。"看见我疑惑的样子，她笑了："和你在一起，我们俩 70%的时间说英文，只有 30%的时间说中文。这就是你的英文进步快，我的中文进步慢的原因。和哥哥在一起 90%的时间都在说中文，只有 10%的时间说英文。"

我的小弟弟德庆和宝贝侄女阿姣一家来纽约旅行的时候，她盛情的邀请去他们家做客。约翰继续拿出他的看家本领，烤牛排、烤三文鱼。宾主尽欢后，珍妮很得意、很懂中国地悄悄告诉我："以前在哥伦比亚大学学中文的时候教授教过我们：如果想和一个中国人做朋友呢，一定要给那个中国人面子。"所以当我的好朋友晓岚一家三口来纽约，她再次邀请晓岚一家去他们的海边别墅赴宴。至今晓岚的先生顾耀还齿颊留香的说，那一次的牛排是他吃过的烤得最好的牛排之一。接待过晓岚全家后不久，珍妮郑重其事地对我说："我已经见过你最好的中国朋友了，现在你必须要和我最好的美国朋友见个面。"由于她满脸的严肃，太正式了，让我既感动又好笑：产生了一种恋爱中的年轻人要去拜见双方家长的幻觉，因为在中国，得不到双方家长的首肯，后果很严重。她最好的美国朋友是一位华尔街投资大佬，珍妮一家非常认可她，珍妮一对儿女重大人生选择都会咨询这位华尔街投资大佬阿姨的意见。这么多年来，我们不仅仅互相学习语言，学习东西方的历史文化风俗民情，还一起做瑜伽、游泳、欣赏音乐会、交换减肥心得和育儿经。我们搬家、买房、女儿升学、选择专业，

珍妮每一件事情都全情投入。我们宝贝女儿美沁选初中的时候，珍妮在电脑上搜索了纽约最好的前 50 所初中，然后根据离我们家的距离、学校的评分、老师的资源再作一一排除，直到选择出最满意的。美沁考高中时被纽约两所特殊高中同时录取，分别是纽约排名第一的 Stevenson 高中和排名第九的 LaGuardia Art 高中。排名第一的高中每年有 35% 的学生会被常春藤大学录取，而排名第九的高中每年只有 5% 的学生被常春藤大学录取，几乎我所有的朋友都觉得美沁应该去上排名第一的高中，而珍妮在连续两个夜晚陪我分别参观了两个高中，并参加了两个学校校长的见面会后，和我们另一位好友刘谊一起力排众议，支持女儿美沁的选择，不去老大高中，而上了老九的艺术高中。

女儿报考大学时，心中对巴黎美院无比向往。正在法国旅游度假的珍妮和先生约翰立刻前往巴黎美院，实地考察。了解学校的历史人文环境，参观了教室拜访了教授。还走访了巴黎美院附近的大街小巷，了解住宿和餐饮。拍了无数张照片、整理了密密麻麻的笔记。至今想来依然感动，亲妈也不过如此吧。后来因为女儿被哈佛大学提前录取，女儿选择了哈佛。只是在 2022 年的暑假去巴黎美院上了一个美术暑假班。

当女儿选择了位于林肯中心旁的 LaGuardia art 高中后，我先生决定卖掉上海黄浦江边的房子，买一个女儿高中学校旁边的房子。这时我们才知道在曼哈顿买房子，不是你和卖家谈好价格，买家有钱愿意买，卖家愿意卖就可以成交。需要通过一个组织审批投票才可以，这个组织成员包括大楼的物业管理委员会和居住本大楼的邻居们。需要调查买家的信用、人品，有过硬的推荐信、担保函才可以。据说原国务卿希拉里在曼哈顿买房就没有被通过，因为邻居们害怕严格的保安措施会妨碍邻居们的出入自由。所以希拉里来曼哈顿只能住在女儿的

家里。而我们另外一位财力雄厚、品学兼优的精英朋友，因为没有过硬的推荐信和担保函，特别钟意的曼哈顿房子也泡汤了。我们买房的时候，当时我们的好朋友张富强律师和会计师都给我们出了出彩的推荐信。其中当然少不了亲爱的珍妮。

珍妮手书的担保函让我现在想起还想笑。她夸我们全家是有爱之家、学习之家，特别夸我先生"她的哥哥"烹饪有方厨艺了得，夸我泡的绿茶、花茶、水果茶都独具特色，夸女儿是学霸美丽又聪慧，她还说如果和我们做邻居就有机会品尝东方美食，还有机会认识一个将来的名人……总而言之，我们如愿以偿地搬到离女儿上学走路七分钟的哈得逊河边。这里面一定有珍妮的独特贡献。

我们这对语言交换伙伴经过时间的洗礼，成了不设防的朋友。珍妮的名字留在我们大厦的前台，用她的证件可以随时直接从大楼取钥匙到我们家来。而他们家的海边别墅也是我们全家的度假胜地。大多数的感恩节我们都是在她们家和她们的亲友一起度过，只是晚宴后亲戚们都需要开车回家。除了我们一家三口留下来住几天继续度假。

去年的中秋节前，珍妮来电话，她不放心几个月前刚刚痛失吾爱的我孤独一人过中秋（女儿在波士顿上学没有假期回纽约陪我），邀请我去她家一起吃月饼烤牛排煎三文鱼过中秋。白天我们一起喝茶聊天、学做西餐、海边散步，晚餐后我们选择看电影，约翰体贴的打开中文字幕，而珍妮坚决不同意："看中文字幕对 Scarlett 英文提高没有好处。"尽管只有三个人看电影，仪式和电影院一致，观看前关闭手机，观看中保持绝对安静、一起为剧中人流泪，结束后起立鼓掌，再各自发表观后感。

次日清晨，我在他们家鸟语花香的暖意中醒来，约翰和他的朋友们结束了两个多小时的爬山，已经回家煮好了香气扑鼻的现磨咖啡，而珍妮已经从大西洋的海湾游泳回来做好了早餐。我们拥抱后，珍妮一脸神秘地问我"猜猜我遇见什么了？"还没等我猜，她就迫不及待地高声笑起来，紧紧拥抱着我："海豚！我在大西洋海湾遇见了一只海豚，它和我一起游了一会儿泳。"她充满幸福地告诉我："看见海豚是一件特别幸运的事，我拥抱你了，好运也传给你了！"

www.ingramcontent.com/pod-product-compliance
Lightning Source LLC
Chambersburg PA
CBHW030924060726
47591CB00005B/1652